故事生成界

那些（不）曾被講過的民間譚

Oral Generative World

THE FOLKTALES THAT HAVE (not) BEEN TOLD

"Omat on saamani sanani
omat tielta tempomani
paista heinan heiromani
kanarvoista katkomani." [1]

for Song
and all the story singers.

---

1 Sung by Taito Hoffrén, in Pukkila, Finland. Collected by Yang Yu-Chiao, 2024.

目錄 CONTENTS

為什麼在這時代，我們仍需閱讀民間譚？ —— 6
—— 傅羅格 (Frog) / 國際民俗學者通訊叢刊 (FFC) 主編

關於故事類型與 ATU 編號 —— 29

33 —— I 幸或不幸的遭遇

34 —— 拉瑟，我的僕人 瑞典

49 —— 懶鬼 立陶宛

67 —— 豔紅仙女 印度

79 —— 惡魔的妻子 法國

91 —— 說故事的精怪 馬紹爾群島

101 —— 水精與學徒 亞美尼亞

115 —— 蛇郎君 台灣

II 意外但可理解的情色 —— 131

愛吃魚的女孩與蟒蛇陽具 所羅門群島 —— 132

湖的陽具與雌狐 因努特 —— 146

在妻子的腿間畫牛 朝鮮半島 —— 156

一個善妒的父親與他的三個女兒 墨西哥 —— 161

川下端的人、川上端的人 北海道阿伊努人 —— 170

183 —— III 光暗交界處的（不）死形象
184 —— 影王 羅曼人
195 —— 月亮上的老婆婆 巴布亞新幾內亞
207 —— 是女或是男？ 希臘
223 —— 伊凡王子與瑪麗亞公主 俄羅斯
244 —— 年輕的男孩與活死人僕從 巴爾幹半島
255 —— 抓樹枝登上月亮的女孩 通古斯

IV 聯篇故事群 —— 259
納斯列丁・侯賈的事蹟 中亞 —— 260

279 —— V 形式故事群
280 —— 無盡的故事 日本
288 —— 最短的故事 日本

特別收錄：緬甸故事兩則 —— 293
講述者：奧勘卓 (အောင်ခန့်ကျော်, Aung Khant Kyaw)
波帕山的鐵匠傳說 —— 294
頭戴竹蓆的女子 —— 303

313 —— 重述者・繪師 簡介
318 —— 關於重述——代跋

為什麼在這時代，我們仍需閱讀民間譚？

傅羅格 (Frog)
國際民俗學者通訊叢刊 (FFC) 主編 / 赫爾辛基高等研究院副教授

民間譚在二十一世紀的重要性

說故事是人類生活中相當基本的一環。我們都會轉述自己聽過或知道的事情，而當我們將自己的經歷與想像說出來時，新的故事便誕生了。「民間譚 (Folktales)」和各文化的傳統密不可分，這些故事都是在口耳相傳之下形成的。甚至可以說，人類會說故事的時間有多久，民間譚在世間流傳的時間就有多久。近幾十年來，由於我們掌握了遠超過去的資訊技術，令我們能更大量地比較不同文化間的傳統，我們也因此發現許多至今仍存在的民間譚其實是隨著人類早期的遷徙散布到世界各地的。如今，人們傾向於認為民間譚是屬於過去的東西，是文化遺產的一部分。但事實上民間譚至今仍圍繞在我們身邊，在好萊塢或寶萊塢的電影裡，在通俗小說裡，甚至是在迷因裡。了解民間譚，能讓我們理解各種創作中使用它們時要表達的意義，對民間譚的了解也提供我們認識不同時空下不同文化思維的觀點。

民間譚也常被認為是給孩子聽的故事，但它們其實更常在成人之間傳播，像本書所收錄的〈湖的陽具與雌狐〉，以某些現代社會的眼光來看絕對會被認為是兒童不宜的故事。與文學小說的複雜程度相比，多數的民間譚可能都顯得太過簡單，然而在代代相傳的發展與精煉之下，這些傳統的劇情仍蘊涵著可觀的力量。民間譚也是我們在反思自己的生活、社會，以及我們身處的世界的一種強大工具。其中蘊藏的大量象徵所交織出的奇妙世界也能令我們迷失其中。

民間譚簡史

民間譚的存在或許可以回溯到人類語言演進到足以用來陳述（telling）與重述（retelling）現在或過去之事件的時候。無疑地，人們對實際事件的交流很快就演變成訴說自己對於世事的想像——那些人們雖未親眼目睹，但似乎有助於理解這個世界及其中諸物為何。相較民間譚誕生的歷史，它只是個嬰兒：這個概念的誕生只是幾百年前的事——它是歐洲從啟蒙到浪漫主義時期誕生的現代性建構。

要了解「民間譚」這個現代分類的背景，需要一點歷史脈絡。歐洲諸王國在超過千年的時間裡，逐漸被基督宗教認同所統一。在西方，基督宗教的力量與其散布的正當性，一部分是源自他們將所有非基督的宗教或超自然信念都污名化為異教，不僅剝奪其存在的權利，更要求所有異教信仰被摧毀或皈依基督宗教。接下來，宗教便成為幫助地方政治勢力之統合與擴張的工具，最終形成了一個統一由羅馬教宗管轄的基督宗教認同。羅馬教廷所使用的語言是拉丁語，而歐洲則在十六世紀時發生了所謂「宗教改革」的運動。這場運動主張脫離羅馬教宗，並使各國國王得以佔據各地的教堂及其財產，並讓宗教服膺於世俗的權威。而宗教改革運動中的其中一個重要訴求，即是要求在實踐一切基督宗教活動時，都必須使用各地方的語言。地方語言的地位提升是個緩慢的進程。到了十八世紀的啟蒙時期，語言的重要性來到了一個分水嶺，被視為是民族〔ethnicity，當時是以「種族」(race) 的概念來理解〕與文化的象徵。而民族與文化又共同被視為一種規律且融貫的認同類型，尤其在十九和二十世紀時更幫助了國族 (nation) 認同的建立。

同樣在十八世紀，認為傳統詩歌與故事創作是受到「靈感啟發」的觀念出現了：這些作品被視為是某種超越了個人的精神之產物，這種精神可說是經過了民族—語言族群的文化與思維過濾後的基督宗教上帝，也可視為直接屬於一個民族 (即「民間譚」中的「民」) 的精神。而這個觀念又進一步連結到地方話 (vernacular) 的復興。數個世紀以來，古典希臘與羅馬的審美標準主宰了知識分子評價美學品質與美學價值的方法，這樣的主宰後來則在「美學評價應採各文化傳統自身之標準」的倡議之下被推翻。儘管那些認同現代性的知識分子認為鄉下人是沒教養的（甚至是可憎的），但能從他們的生活中紀錄到的「傳統」卻被視為珍貴的「靈感」，而這種靈感也被連結到民族—語言的認同上，再進一步關聯到國族認同。靈感的價值不同於對異教信仰和迷信的愚蠢誤解，因此像是民間譚等傳統，就被提升為一個民族的精神產物，並獲得以審美的角度欣賞的地位。至於這些傳統與異教信仰、迷信或愚昧的關聯，則被認為是由於傳統的保存者沒有教養之故才會出現的意外。

民間譚與其他傳統之於國族建構的重要性，建立在人們知道並認識它們的基礎上。這一條件在十八世紀時，因為識字率的提升與印刷文化的興起成為可能。民間譚的口述表現方式有諸多不同型態，但都可被化約成以文字記載的唱詞腳本一類文體，再編輯成容易閱讀的形式後出版。隨著文學小說的出現，民間譚也在印刷消費主義的帶動下成為現代文學（源於口述的）類型的一種。當時對民族—語言的想像，使民間譚成為窺視一個民族之精神的窗口。在歐洲，這種精神被視為過去的象徵，可以作為擁有古老根源的文化遺產而被商品化。甚至在那些口述傳統仍在被實踐的時代，這些傳統便已被視為過去的象徵，而被蒐集起來。當口述故事的傳統隨著十九至二十世紀初，因工業化與現代化的擴張而消失時，那種「屬於過去」的觀念更被強化。

如今的觀點認為現代性創造了一種對立的錯覺——即現代性自認與文字相關，而口述則屬於非現代性——因此，現代化社會中的口述傳統很容易被忽視，因為它們不是文化的遺產——它們不屬於過去。例如在國際民間故事類型中[1]，被歸在類型1200-1999 裡的是軼事與敘事笑話，包含關於夫妻之間的，關於騙子與傻瓜的故事等，這些都是你甚至可能在公司或家庭的聚會上聽人說過的故事。相較之下，幻想類型的故事在現代化的口述傳統中較為少見，主要是因為這類故事會與基於科學的認知產生衝突，因此就被推向文學與藝術的範疇。

歐洲以外地區的口述傳統也在審美的角度下被視為文學來欣賞，並且也被認為是一個族群的民族—語言的遺產。不過，存續至今的傳統也會因為未被現代化，而同時被視為是一個族群落後與衰弱的指標。這種思考方式使得至今

1 國際民間故事類型，請參閱書中〈關於民間故事類型與ATU 編號〉一節。其中 ATU 1200 - 1999，為「軼事與笑話（Anecdotes and Jokes）」。參見：Uther, H.-J. (2024). *The Types of International Folktales: A Classification and Bibliography: Revised and Supplemented Edition*, Part II: Anecdotes and Jokes. FFC 285. Helsinki: The Kalevala Society Foundation.

仍有許多人會認為，與民族語言認同相關聯的所有民間譚口述傳統都屬於過去。即使如此，挑戰這些傳統之存續的文化演變，其實在世界各地都只是相對較近期的事，口述傳統仍是許多地方社會的一部分。即使在現代化社會，民間譚也具有口述的面向，只是現代性的想像試圖否認將民間譚讀給小孩聽是口述傳統的延伸，因為這些故事是被印在書裡的——就像你正在讀的這本——這就使得說故事也成為現代的一部分了。

永動的萬花筒

即使如今依然能在世上找到可能流傳了數萬年的民間譚，也不表示這些故事的內容總是一成不變。在書寫技術出現以前，這些故事只能以口述的方式傳承下來，由一個世代傳給下個世代，或是由一個群體傳給另一個群體，而聽故事的人們則必須先學會這些故事，才能繼續轉述給其他人。為了讓這些故事能被傳承這麼多個世紀，就必須讓這些故事與當下的時代產生關聯。因此這些故事的內容總會因應文化與時代背景的變遷，或是因應它在傳播時的特殊處境而產生變化。基於這些，民間譚即使傳承了無數個世代，也被散布到各個不同的文化，人們都還是有足夠的興趣根據社會歷史的脈絡而改編，這便足以證明民間譚對人的吸引力和啟發性。民間譚是整個世界的遺產，即使我們會將它們連結到特定的民族—語言文化（像是阿伊努），或者連結到特定的國家（像立陶宛），仍然可以把它們的多元樣貌，皆視為我們集體文化的一部分來欣賞。

在口述傳統中，一個故事多半是用不同故事中的片段拼湊起來的，這些故事片段就被稱為母題（motif），例如英雄在故事中面對的某個險阻，或是英雄成功脫離危險的方式等。在口述傳統中，一個故事片段只要有足夠的辨識度，就能發展出特殊的意義與連結。不過，構成故事的母題也可能在不同的故事中被重組，或是隨著社會的變遷更新其中的元素。故事片段的劇情可能有非常久遠的歷史根源，而劇情中的英雄在接收新消息時可能從收到口信變成收到書信，或者從以劍或弓為武器變成以火槍為武器，這些都是故事的母題因應技術革新而出現的變化。像寶萊塢電影或《哈利波特》這類的改編，儘管是屬於現代化社會的故事類型，它們仍遵循著相同的原則：民間譚與其母題仍可被辨識，無論故事中的英雄是透過書信還是手機簡訊來接收消息，只要辨識出這些特定劇情，就能為我們創造出意義。歐洲的現代性認為民間譚已經死去，在現代化的過程中成為了遺產——成為過去的事物，應該要像古文物被收藏在博物館內那般，將民間譚收藏在書本裡。不過民間譚的傳播技術也並非僅限於口述，書寫這些故事也是一種表現方式，甚至是在家裡或團體中讀給別人聽，在舞臺上表演，製作成電影，或者由個人在數位媒體中製作成無數的形式。民間譚的形式變化猶如萬花筒一般，總會隨著時代的技術演進更新其表現形式，只要這些故事能夠啟發人們的靈感，它們革新的腳步就永遠不會停歇。

民間譚美學

儘管到處都有民間譚，它們依然廣泛地被認為是屬於特定民族—語言族群的文化傳統遺產，尤其是那些帶有幻想色彩的故事更是如此。早在十七世紀時幻想故事就被高度重視，因為它們與現代性強調的認知方法背道而馳，並且要求我們運用想像力去理解。口述傳統中的故事可能會有非常豐富的細節，但一直傳承下來的劇情其實相對簡單。它們的另一個特點就是具體，即使它們經常被連結到抽象的觀念、社會認同、社會結構等。正是基於故事的具體特性，使它們具有意義，同時也使得這些故事有潛力成為溝通、辯論，以及協調社會中不同觀點與價值觀的有力工具。

到了十九世紀，這些意義的潛能，為反思民族—語言的認同提供了一種類似回聲室的空間。民間譚的傳統與通俗小說的差異在於，文學小說創作是從一個人的視野出發，而民間譚的傳統則提供了窺視整個集體文化的窗口。民間譚的形成是社會性的，其內容反映了相應群體或社會的思維。將民間譚轉化為歷史傳承的文學作品時，會根據當時文學讀者的興趣來改編故事，而這也使故事中的象徵世界成為人們投射並反思其民族—語言認同的場域，並思考自己的認同與他人有何異同。儘管民間譚的口述傳統原是流行於成人之間，後來卻廣泛地轉變為兒童向的文學類型，這背後其實有雙重的背景因素。一方面，當我們用人類的成長過程來譬喻文化發展階段時：由於歐洲的現代性所擁抱的客觀與科學思維被視為是文明發展成熟的「大人」，因此其他過去或現存的非現代性之文明就被認為是稚嫩的「孩童」。另一方面，文化傳承也是一種教育計畫，而民間譚就成為向孩童傳遞民族—語言認同的價值觀與思想的媒介。不過，當民間譚結合了簡單、具體，且對想像力有所要求等特性於一身，這些故事就能夠成為讓不同時代的各類思想彼此激蕩的回聲室。此外，無論其形式是否有所改變，這些故事也會因為主張了一些另類觀點（例如關於性別認同的觀點），因此可以成為質疑甚至挑戰主流思想的資源。

思考的回聲室

民間譚與現今世界有著多種形式的關聯。民間譚成為文化遺產範疇的歷史，受到廣泛且根深柢固的認可，因此民間譚很容易被用來主張和肯定民族—語言的認同。這種用途有可能有政治上的目的，像是提出認可特定文化及其價值觀的主張，也有可能只是單純要提高對某個文化的獨特性的關注。主張某個傳統已成為遺產，本身就是一種教育計畫，用來教育民眾某個文化或族群擁有的傳統十分寶貴，因此必須為了未來世代保留這些傳統。

民間譚與民族—語言認同的強大聯繫，也令民間譚成為探索另類思維與世界觀的起點。這樣的探索自十八世紀以來就有相當的重要性。不過如今這種探索的功能已與早期有相當的差異，早期的現代性利用他性（otherness）的概念，是為了肯定對歐洲鄉下人的支配以及對歐洲殖民擴張的認可。而在如今的社會中，探索另類的思考方式則是為了學習從不同觀點來看待事物，並藉此提升對社會多樣性的包容，同時也能讓我們對原先可能視為理所當然的權威與權力關係產生質疑。當我們能夠認識愈多元的觀點，我們就愈能夠反省內嵌於我們生活與社會中的觀點。

隨著心理學與心理學詮釋的興起，民間譚的另一重要面向也逐漸顯現。無論我們對於特定故事的詮釋有何看法，這個議題都強調出民間譚與其創造意義的美學特性，在個人層面上具有極高的價值。這些詮釋提供豐富的象徵資源，讓人們反思個人的自我認同，且得以處理個人生命中的衝突與壓力。它們成為處理人生經歷的回聲室，也可能成為一種樹立新的思考與存在方式的工具。借用克勞德・李維史陀的一個說法：它們「適於用來思考（bons à penser）」。

從口述到印刷再到數位，然後回頭

在啟蒙與浪漫主義的時代，民間譚從口述的傳統轉化成印刷文化的資源和商品。在原本的口述傳統中，一則故事的體驗融合著表演的多維度性質，包含表達、肢體動作、姿態、聲音、空間、時間等，但在前述的轉化過程中，這一切都被扁平化了。如今，現代性在口述與文字之間構築出來的兩極分化被打破了：數位技術成為了啟蒙時代所創造出來的二分模型之外的第三種媒體技術，同時也促成了對不同表現形式的重新評價。即使被框限在一個數位畫面之中，這樣的新技術仍然讓聲音與畫面等具象化的表演方式重回舞台。那麼，就像聲音在表演中的重要性被提高了一樣，或許那些被收錄在這本書中的民間譚，也可以不再只是被靜默地閱讀，而是像這些故事在數萬年間的流傳那般，能夠被聽見，並且再被重述給其他人。

傅羅格（Frog）

專注於神話學、口述藝術與文化重構的民俗學家，關注理論與方法論研究。2010 年獲倫敦大學學院（University College London）博士學位，並先後獲赫爾辛基大學（University of Helsinki）民俗學與斯堪地納維亞語言，以及斯德哥爾摩大學（Stockholm University）宗教史的副教授（Docent）頭銜。研究涵蓋中世紀斯堪地納維亞文獻、十九至二十世紀芬蘭－卡累利阿（Finno-Karelian）傳統，探討語言文化歷史與文化接觸如何影響傳統的變遷與融合。

研究領域廣闊，如橫跨印尼羅特（Rotenese）與鐵屯（Tetun）傳統，習以數位學術交流，以及遺產的建構與當代轉譯。現為赫爾辛基高等研究院（Helsinki Collegium for Advanced Studies）核心研究員，擔任「民俗學者通訊叢刊（Folklore Fellows' Communications）」主編，並主持 Kone 基金會資助計畫「*Materialities, Verbal Art, Mythic Knowledge and the Lived Environment*」（2021–2025）。已發表約100 篇學術論文及25 本學術專著，包括《跨文化的芬蘭學派》（2022）。

譯者　黃頌竹/ 國立中正大學哲學博士

The Importance of Folktales in the Twenty-First Century

Frog
Helsinki Collegium for Advanced Studies

Telling stories is a basic part of being human. We retell things we have heard or know and new stories are created when we tell about something we have experienced or imagined. Folktales are stories tethered to a tradition, so they are always based on something we have heard or learned from others. Such tales have been around for as long as people have been telling stories. In recent decades, it has become possible to compare more traditions than ever before. This has revealed that some folktales still found today originally spread through the world with the earliest human migrations. Today, people tend to think of folktales as belonging to the past, as a part of a culture's heritage. However, even these folktales can be found all around us, from Hollywood and Bollywood to popular literature and memes. Knowledge of folktales enables us to understand the meanings that they are used to produce. They also offer perspectives on the mentalities of cultures in different times and places. Folktales are often imagined as stories for children, yet they were commonly told among adults, and stories like "The Penis of the Lake and the Fox-wife" in the present collection would not be considered suitable for children in some modernized societies today. Most folktales might seem quite simple when compared with the complexity of the literary novel, yet traditional plots that have been developed and refined across generations can be remarkably powerful. They provide valuable tools that we can use to reflect on our lives, society, and the world in which we live, and their rich repertoires of symbols weave into fantastic tapestries in which we may lose ourselves.

A Brief History of the Folktale

Folktales have probably existed since the use of human language advanced to practices of telling and retelling past and present events. Communicating events doubtless quickly evolved into people telling their imagination of things that happened in the world – things that they did not see themselves but that seemed relevant for understanding the universe and things in it. In comparison with that history, the concept of 'folktale' is just a baby: it has only been around for a few hundred years – a construction of modernity that was produced through the European Enlightenment and Romanticism.

To understand the background of the modern category 'folktale' requires a bit of historical context. The kingdoms of Europe were gradually unified by a Christian identity across a period of more than a thousand years. In the West, part of the power of Christianity and the justification for its spread was that any non-Christian religion or supernatural beliefs were stigmatized as pagan, with no right to exist, and should be converted to Christianity or destroyed. The religion thus became a tool for local political unification and expansion, leading to a united Christian identity under the authority of the Pope in Rome.

Latin was the language of this religion. In the 1500s, the so-called Reformation involved a break from the Pope and enabled kings to seize the property and wealth of the Church and to subordinate religion to secular authority. Importantly, the Reformation was linked to a demand to use local languages in Christian practices. The elevation of local languages progressed slowly. In the 1700s, during the Enlightenment, the importance of language reached a watershed as it became identified as emblematic of both ethnicity (then identified with race) and culture. Together, these became conceived as a regular and coherent type of identity that was instrumental in building national identities especially in the 1800s and 1900s.

Also in the 1700s, the idea was established that traditional poetry and storytelling were 'inspired': they were the product of a spirit beyond the individual, whether of the Christian God filtered through an ethnolinguistic group's culture and mentality or identified directly as the 'spirit' of that people – i.e. the 'folk' of 'folktale'. This idea linked with the valorization of the vernacular. For many centuries Classical Greece and Rome tyrannized how educated people evaluated aesthetic quality and value. This tyranny was overthrown by the demand that traditions' aesthetics be valued on their own terms. Although educated people who identified themselves with modernity thought that peasants were uneducated (or even detestable), the traditions that could be recorded from them were valued as 'inspired' and that inspiration was tethered to an ethnolinguistic identity and therefore to a national identity. The value of inspiration was distinguished from the foolish misunderstandings of paganism and superstition. Consequently, traditions like folktales could be elevated as products of a people's spirit and appreciated aesthetically, while their associations with paganism, superstition, or foolishness could simply be dismissed as an accident of the uneducated who preserved them.

The value of folktales and other traditions in nation-building required people knowing and recognizing them. This was enabled by the rise of mass literacy and print culture, also from the 1700s. Oral performances of folktales were multimodal, yet they were reduced to written, libretto-like text-scripts, edited into reader-friendly forms, and published. Folktales took shape as a modern literary (oral-derived) genre alongside the emergence of literary fiction and in connection with print consumerism. The ethnolinguistic imagination of the time made folktales windows into the spirit of a people. Within Europe, this spirit was identified with pastness, commodifiable as heritage with ancient roots. The traditions were identified with pastness already when the oral traditions in Europe were collected as contemporary practices. The idea of belongingness to the past was later reinforced as the practices disappeared across the nineteenth and early twentieth centuries with industrialization and expanding modernization.

Today, modernity is seen as creating an illusion that contrasted modernity's self-identification with literacy with orality as other. Consequently, oral traditions in modernized societies were unrecognized because they did not belong to heritage culture – they did not belong to the past. However, in The *Types of International Folktales*, the types classified as 1200–1999 are anecdotes and narrative jokes, for instance about husbands and wives, tricksters and fools, some of which you might hear at an office party or family gathering. It is the tales of the fantastic that are less common in modernized oral traditions, mainly because they are at odds with science-based understandings, which has pushed them into the categories of literature and art.

The oral traditions outside of Europe were also appreciated aesthetically as literature and as a group's ethnolinguistic heritage. However, the living traditions were simultaneously seen as indicating a group's backwardness and inferiority, because they were not yet modernized. This line of thinking leads all oral folktale traditions linked to ethnolinguistic identities to also be viewed as belonging to the past even by many people today. Nevertheless, in many parts of the world, the changes in culture that challenge the continuation of the tradition are relatively recent and such oral traditions are still part of local societies. Even in modernized societies, folktales often have an oral dimension, although modernity's imagination has tried to deny that reading folktales aloud to children is oral, because having the text in a book — like the one you are reading — made the telling modern.

A Kaleidoscope in Perpetual Motion

That there are folktales found in the word today that have potentially been around for tens of thousands of years does not mean that the stories were unchanging. Before writing, these stories could only continue from one generation to the next or spread from one group to the next by being told, and the people who heard them had to learn them and then tell them to others. The continuity of stories across centuries was dependent on their contemporary relevance. Consequently, they were continuously varied in relation to both particular situations and their adaptation from one cultural and historical setting to the next. Folktales' ability to interest and inspire is indicated by the facts that they were told across countless generations, spread from one culture to the next, and people were interested enough to adapt them to changing societal and historical contexts. Folktales are a world heritage, and they can be appreciated in all of their diversity as part of our collective culture even when we link them to a particular ethnolinguistic culture like the Ainu or to a nation like Lithuania.

Within an oral tradition, tales tend to be built from pieces that are found in more than one story, often called motifs, for example the particular obstacles faced by a hero or the way a hero escapes a danger. In an oral tradition, a basic plot develops particular meanings and associations by being recognizable. Nevertheless, the constituent motifs might be transposed between tales, and they also get updated with changes in society. A plot may have incredibly deep roots in history, but the hero receiving news in a letter rather than as an oral message or using a gun rather than a sword or bow as a weapon are motifs linked to changes in technologies. Although the adaptations in Bollywood films or *Harry Potter* belong to the genres of modernized societies, they follow the same principles: folktales and their motifs are recognizable, and recognizing them creates meanings for us, even if the hero receives news via text message rather than in a letter. European modernity envisioned folktales dying and being reduced to heritage with modernization — becoming objects belonging to the past, to be stored in books like artefacts in a museum. However, folktales are not bound to orality as the exclusive technology for their communication. They are performed through writing stories and books, reading them aloud at home or in a group, enacting them on stage, in a large cinematic production, or in countless forms by individuals in digital media. The kaleidoscope of folktales' transformations, continuously updating them to the present and to contemporary technologies, has not stopped, nor will it stop as long as the stories inspire.

The Folktale Aesthetic

Although folktales are everywhere, they are most widely recognized in the heritage traditions linked to particular ethnolinguistic groups, and especially as tales that are somehow fantastic. Already in the seventeenth century, fantastic tales were valued the most highly because they diverged from modernity's ways of knowing and challenged imagination to make sense of them. Tales of oral traditions may be incredibly elaborate, but the enduring plots are often relatively simple. They are also characterized by concreteness, although this can be linked to abstract ideas, social identities, societal structures, and so on. Their concreteness allows tales to be filled with meanings, which then also makes tales potentially powerful tools for communicating or contesting and negotiating views and values in society.

In the nineteenth century, this meaning-potential provided a sort of echo chamber for reflecting on ethnolinguistic identities. Traditions of folktales differ from popular fiction in that a work of literary fiction is one person's vision, whereas a tradition of folktales offers a window onto collective culture. Folktales get shaped socially and that shape reflects the mentalities of the respective group or society. The conversion of folktales into heritage literature adapts those stories to contemporary literate audiences and their interests. This makes their symbolic worlds arenas into which people project and reflect on their ethnolinguistic identities and how their own identities are the same or different from others'. Although the oral traditions had popularity among adults, their widespread shift to a literary genre oriented to children has a dual background. On the one hand, it was linked to a metaphor of human maturity mapped onto culture: European modernity with its objectivity and scientific thinking was the mature adult of civilization, whereas other past and present cultures were considered child-like. On the other hand, heritage was a pedagogical project, and folktales became a medium for communicating the values and ideas of the ethnolinguistic identity to children. However, the combination of simplicity, concreteness, and the demand for imagination that create the aesthetic of such folktales has enabled the same tales to be echo chambers for different ideas across time. It also makes them resources for contesting dominant ways of thinking by asserting some alternative, for instance in gender identities, with or without changing the form of the tale.

Echo Chamber to Think with

Folktales have countless forms of relevance today. The history of folktale as a category of heritage culture is very deeply rooted and widely recognizable. Consequently, folktales are easily instrumentalized to assert and affirm ethnolinguistic identities. Such uses can be for political aims, such as asserting claims for recognizing a certain culture and its value, or simply to raise awareness of the culture and its distinctiveness. Asserting a tradition as heritage is itself a pedagogical project to teach people that a culture or group has traditions that are valuable and should be safeguarded for future generations.

The strong links to ethnolinguistic identities also makes folktales valuable access points for exploring alternative mentalities and worldviews. Such explorations have been important since the 1700s. However, their functions today are quite different from early modernity's instruments of otherness that affirmed the dominance over Europe's peasantry and validated European colonial expansion. Today, explorations of alternative ways of thinking provide a means of increasing tolerance to diversity by learning how to look at things from different perspectives, and also with the potential to denaturalize us to assumptions about authority and power relations that we might take for granted. The more perspectives we have access to, the better we can reflect on the perspectives in which we find ourselves embedded in our lives and societies.

An important dimension of folktales became visible through the rise of psychology and psychological interpretations. Whatever we may think about the interpretations of particular tales, the topic has highlighted that folktales and their aesthetics of meaning-making are very valuable on an individual level. They provide repertoires of symbolic resources for reflecting on identities and potentially for processing tensions and stresses in one's own life. They become echo chambers for processing experiences and potentially as tools for asserting new ways of thinking and being. To borrow a turn of phrase from Claud Lévi-Strauss, they are 'good to think with'.

From Oral to Print to Digital and Back again

In the eras of the Enlightenment and Romanticism, folktales were converted from oral traditions into commodities and resources of print culture. This process collapsed the multidimensionality of performances in which embodied expression, movement, and gesture, sound, space, and time were all integrated parts of the experience of a tale. Modernity's polarized contrast between orality and literacy is now being broken down: the digital presents a third set of media technologies that stands outside the Enlightenment's two-part model and thus is driving re-evaluations. These new technologies are returning the role of voice and the scenes of embodied performance to practices, even if framed by digital screens. As voices are raised in performance, it may open new channels also to folktales such as those gathered in this book, to not only be read silently as text, but also to be heard and retold as tales have been for tens of thousands of years.

Frog is a folklorist specializing in mythology, verbal art, and cultural reconstruction, with emphasis on theory and methodology. He received his PhD from University College London in 2010 and he has received the title of Docent (Associate Professor) of Folklore and later in Scandinavian Languages at the University of Helsinki, and of History of Religions at Stockholm University. His work originally developed with focus on medieval Scandinavian materials on the one hand and 19th— and 20th—century Finno—Karelian traditions on the other. He developed long-term perspectives on both linguistic-cultural history and how cultural contacts may make the traditions of different groups more similar to one another than to their respective ancient heritages. Since then, Frog has also worked, for example, with Rotenese and Tetun traditions in Indonesia and with digital discourse on the internet. He has been increasingly concerned with how heritage is constructed and how traditions of the past are received and reinvented in the present. He is Editor-in-Chief of the monograph series Folklore Fellows' Communications. He currently serves as a Core Fellow at the Helsinki Collegium for Advanced Studies and the PI of the Kone project Materialities, Verbal Art, Mythic Knowledge and the Lived Environment (2021–2025). Frog has published around 100 scientific articles and 25 scientific books, including 《跨文化的芬蘭學派》(2022).

民間故事類型與ATU編號

本書中提及的「民間故事類型 (folktale types)」，指由芬蘭學者阿爾奈 (Antti Aarne) 基於克倫父子 (Julius & Kaarle Krohn) 的歷史地理研究法 (historic-geographic method) 發展出初期版本，再由美國學者湯普森 (Stith Thompson) 幾經增編與修訂而成的分類目錄。二〇〇四年由尤瑟 (Hans-Jörg Uther) 再大幅擴編為《國際民間故事類型》(The types of international folktales)，並在二〇二四年底再度進行最新的編修。此類型中的編號，以上述三人的名字聯稱為阿爾奈－湯普森－尤瑟索引編號 (Aarne–Thompson–Uther Index)，簡稱為ATU 編號。在與此相關的分類系統中，尚有母題索引 (Motif-index) 存在，惟考量本書取向、篇幅與出版期程，僅於各題解中選列相關母題，不另寫出母題索引編號。本書主要參考的「民間故事類型」書目如下：

1-1. Uther, H.-J. (2004). *The Types of International Folktales : A Classification and Bibliography, Based on the System of Antti Aarne and Stith Thompson*. FFC 284-286. Suomalainen Tiedeakatemia, Academia Scientiarum Fennica.

1-2. Uther, H.-J. (2024). *The Types of International Folktales: A Classification and Bibliography: Revised and Supplemented Edition*. FFC 284-286. Helsinki: The Kalevala Society Foundation.

2. Ch'oe, I.-h. (1979). *A Type Index of Korean Folktales*. Seoul, Korea: Myong Ji University Pub.

3. El-Shamy, H. M. (2004). *Types of the Folktale in the Arab World : A Demographically Oriented Tale-Type Index*. Bloomington, IN: Indiana University Press.

4. Ikeda, H. (1971). *A Type and Motif Index of Japanese Folk-Literature*. FFC 209. Suomalainen Tiedeakatemia.

5. Jason, H. (2000). Motif, *Type and Genre: A Manual for Compilation of Indices & A Bibliography of Indices and Indexing*. FFC 273. Suomalainen Tiedeakatemia.

6. Megas, G. A., Angelopoulos, A. (2012). *Catalogue of Greek Magic Folktales*. FFC 303. Helsinki: Academia Scientarum Fennica.

7. 최인학, 엄용희. (2003). *옛날이야기꾸러미*. 1 - 5. 서울: 집문당.

8. 関敬吾。(1980)。日本昔話大成（全12 巻）・編集 野村純一, 大島広志。東京都：角川書店。

9. 稲田浩二，小澤俊夫，谷山茂，岡節三。（1998）。日本昔話通観（全29 巻）。京都：同朋舍。

10. 胡萬川。（2008）。台灣民間故事類型：含母題索引 / 胡萬川編著。臺北市：里仁。

Chapter I

幸或不幸的遭遇

拉瑟，我的僕人

瑞典

這則民間譚在瑞典非常有名，十九世紀後葉至二十世紀前葉，已在一些書籍或文字形式中記載，且具有由不同的故事講述者重述而成的多則異文（variants）。本故事的情節，一開始被認為與〈阿拉丁〉的情節相當接近，因此曾被歸類至以「阿拉丁」為條目名的民間故事類型AT561。不過許多的細節，仍與阿拉丁相當不同，並且綜合AT563和564的部分情節，例如由超自然的存在變出一張可無限提供食物的餐桌（有些譯文中為桌巾）。

在下面提供的故事文本中，能操控超自然之存在且具神奇力量的物件，乃是一張極薄的紙捲，上面寫著主角恰可辨識的文字。在相似的母題範圍內，相對於較常見的油燈、銅盒、戒指、寶石、樂器，「寫有命令句的紙」較為罕見。另一方面，此超自然之存在，乍看之下總是遵守命令，但隨著劇情發展，該存在取走帶有神奇力量的物件後，立刻取消主角透過許願／命令而得到的餽贈，這些情節，也使得該超自然之存在的性格與形象變得更加立體。

哎呀，哎呀。很久很久之前，就有這麼一個年輕的公爵，名叫梅夫斯。

梅夫斯從年輕的時候，就非常喜歡在世界各處遊歷，他把自己的領地交給弟弟管理，自己一個人騎著馬，跑到了世界各地去看東看西。

不過，因為在這旅途當中，不斷地花錢，花錢，花錢，他自己的金庫越來越空，他身上的鈔票越來越薄，他身邊的僕從越來越少，不久之後就再也沒有可以用的錢了。他雖然想要回到自己的家鄉去，但看看他現在的位置，離家那麼遠，在他回到家鄉之前，就會把自己所有的錢花光了。

說到這裡，哎呀，他在路邊發現了一棟破舊的小屋子。他飢腸轆轆，已經沒辦法再走了，於硬著頭皮去那破舊的小屋前敲門，咚咚咚，敲了門，咚咚咚，敲了門。敲啊敲啊，半天都沒人回應。於是他直接打開門走了進去，想著說不定有一些可以吃的碎屑，可以吃的爛麵包。可是那破舊的小屋裡什麼都沒有，連一張床、一把椅子、一張桌子都看不見，唯一能看見的，只有一只箱子，這只金屬的箱子放在牆角。梅夫斯朝箱子走過去，想著這箱子裡總有點值錢的東西吧！把那東西拿去賣了，就有錢能買東西吃了。

於是梅夫斯就把那只大箱子「啪」地打開，裡面竟然還有第二層箱子。把這第二層箱子「啪」地打開，還有第三層，啪地打開第四層，啪地打開第五層，啪地打開第六層，第七層，第八層，第九層……那層層的箱子一重又一重，一重還有一重，箱子越來越小，越來越小，那最後一只箱子，簡直就像是空氣中的塵埃。等到梅夫斯好不容易把那塵埃大小的箱子「啪」地打開之後，裡面掉出一捲比牙籤更細的紙捲。

他小心翼翼地把那非常纖細的紙捲給撥開，但裡面沒有什麼藏寶圖，沒有其他的訊息，只有一句話。他讀過去，左看右看，還是不知道那一句話是什麼意思。那上面寫著，「拉瑟，我的僕人」。

這句話是什麼意思？是哪個主人留給自己的僕人的嗎？這句話一點用都沒有。梅夫斯一邊苦惱，一邊沒多想，嘴上小小聲地唸了一次，突然旁邊傳來一個聲音：

「是的，我的主人。」

「咦？誰在說話？」

「是我，主人。」

梅夫斯轉頭一看，只見一位小個子，身穿灰衣的獨眼老人，面無表情地站在旁邊，微微地鞠了個躬。

「呃，拉瑟，我的……僕人？」

右圖：丁柏晏 繪製

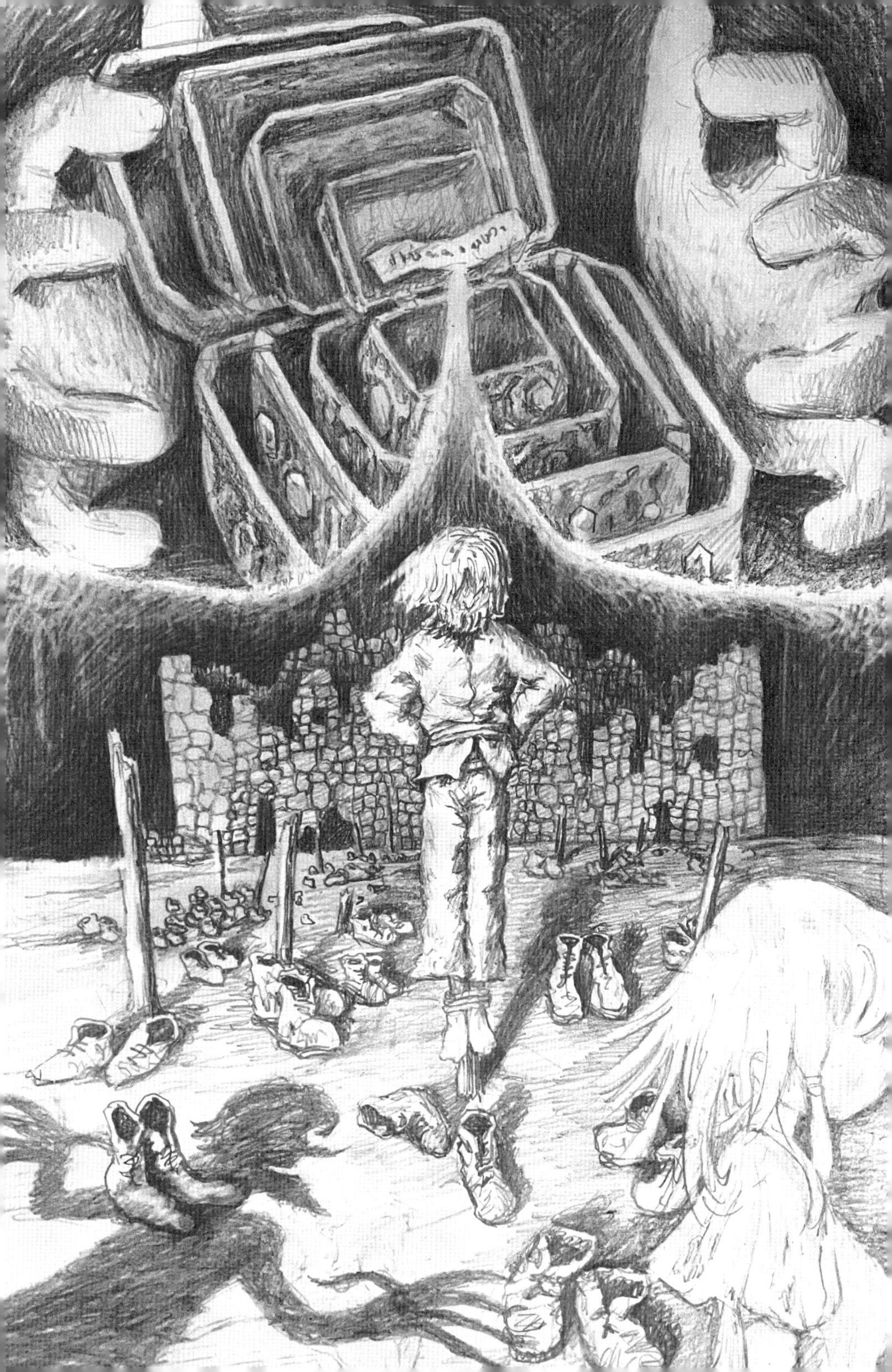

小個子老人又面無表情地鞠了個躬：

「是的，就是我，就是我。主人，你快下命令吧。」

梅夫斯呆了半晌，突然想起自己還餓著肚子，就說：

「既然能下命令，那我想要你拿一點吃的東西來，我要餓壞了。隨便什麼都可以。」

「是的，我的主人。」

不到一眨眼的時間，那位名為「拉瑟」的僕人，就在這破舊的小屋中間變出一張大餐桌，那大餐桌上面有雞，有鴨，有羊，有牛，什麼樣的肉都出現了！甚至還有香檳，還有紅酒，還有梅夫斯叫不出名字的酒，擺滿了整張餐桌。那梅夫斯已經好久好久沒有吃到如此符合他的貴族地位的晚餐了，他幾乎已經忘記他是公爵，他一邊吃，一邊想起來自己原本是個公爵。他左一口，右一口，上一口，下一口，嘴巴吃的時候，眼睛也在吃，眼睛在吃的時候，手也在吃，哎喲，沒一下子就把整張桌子給清空了。

「拉瑟，我的僕人。」

「是的，主人。」

「我要睡在一張舒適的床上。」

突然間小屋內就多了一張舒適柔軟的大床，梅夫斯整個人立刻躺了上去，又說：

「那我不想住這個破舊的小屋了，你給我蓋一棟金碧輝煌的城堡吧！」

「是的，我的主人。」

於是，不到一眨眼的時間，一整座難以用言語形容的美麗城堡，就這樣憑空出現，每一個高塔的頂端都裝飾著翡翠和黃金。所有的牆壁都是雪白的磚砌成的，所有的門框上面都有美麗的雕花。

看到這城堡，最驚訝的不是梅夫斯，而是這塊土地上的國王大人。這國王本來在自己的宮殿中用餐，吃到一半，突然覺得窗外某一處金光閃閃，相當刺眼。他覺得很奇怪，就從窗戶探出頭，往發出光線的那邊一看，只見一棟比自己的城堡更漂亮的城堡，突然出現在那兒。

「這是誰啊？誰敢在我的土地上蓋城堡啊？看來還是我不認識的人！來人啊，給我派三百名士兵去問個清楚！」

於是，這國王底下的將軍，立刻率領三百位穿著白銀和白鐵盔甲的士兵，哎呀，喀拉喀地，喀拉喀地，喀拉喀地，騎著馬，頭盔撞著肩甲，所有的士兵來到了那金碧輝煌的新城堡城門前。那將軍大聲開口說：

「住在這裡的是誰啊？誰擅自在國王大人的土地上蓋

城堡啊！」

「欸，是我，是我啊，梅夫斯公爵啊！」

「哦，這位公爵大人，不是很久之前出外旅遊卻不知下落的那位公爵嗎？」

「正是我，正是我！」

「那你先下來，下來，先把城門給我打開。」

於是，這梅夫斯就和他的僕人拉瑟說：「幫我派出六百名穿著黃金盔甲的士兵，好讓我迎接國王陛下派來的將軍吧。」這拉瑟立刻就幫他弄出了六百名士兵，穿著耀眼的黃金盔甲。梅夫斯帶著這六百名士兵，打開金碧輝煌的城門，迎接將軍。將軍一看，心中想著：哦，這黃金盔甲，這陣仗，這馬，這一切都比國王大人的東西要來得更好。心中這樣想，將軍大人倒是面不改色，和梅夫斯寒暄一番之後，急急忙忙地趕回國王的宮殿裡說：

「國王陛下，國王陛下，那個人是梅夫斯公爵，他的城堡，不僅每一個高塔的頂端都裝飾著翡翠和黃金，而且所有的牆壁都是雪白的磚砌成的，所有的門框上面都有美麗的雕花。而且他還領了六百名穿著黃金盔甲的士兵來迎接我。陛下，他的勢力不容小覷啊！」

這國王一聽，心想也沒辦法這樣放著不管，只好按照禮儀，把梅夫斯公爵邀請到自己的皇宮來坐坐，吃頓飯，聊一聊，看看梅夫斯究竟想做些什麼。沒過幾天，梅夫斯公爵收到國王的邀請函，依約前赴王宮。他穿著異常精緻的衣服，帶著自己的人馬與僕從，浩浩蕩蕩到了國王的宮殿。

與國王一起用餐的時候，梅夫斯根本就沒把注意力放在國王身上。為什麼呢？因為在席間，有一位非常美麗的公主就坐在附近。那梅夫斯公爵看著，看著，看著，看著，看著，整顆心都給融化了。國王把這件事看在眼裡，相當不是滋味。本來想請人把公主帶回她自己的房間，但公主不願意，因為公主也早就注意著梅夫斯公爵了，畢竟梅夫斯公爵本來就長得英俊，現在又打扮得如此得體。但畢竟只是吃一頓飯，沒什麼事情來得及發生。

梅夫斯回到自己的城堡，整個心神都還在公主身上。到了深夜，人們都就寢時，他說了一句：

「拉瑟，我的僕人！」

「是的，主人。」

「將公主帶來，但不要驚擾她的睡眠。」

拉瑟無聲無息地將公主捧起來，放在華貴的床墊上。梅夫斯及其輕柔地給予一吻，好像春天的微風拂過果皮。隔天早上，公主在與父親聊天時，一直說：

「喔，我夢到的那個人！喔，我夢到的那個吻！父親，我只願嫁給這個夢中看到的人，不，那恐怕不是一場夢，那個吻我的騎士，正是我那天在餐桌上看見的人！」

本來這國王還想著要怎麼樣拆散他們，畢竟國王已經打定主意想將公主嫁給某位鄰國王子。可是女兒不斷地說著「夢！不是夢！」父親沒辦法，只好邀請梅夫斯再度來宮殿中作客。當女兒與梅夫斯兩個人站在一起，簡直是天上的太陽與月亮，這種光輝凡人很難抵抗。景象如此美麗，國王實在不好拒絕他們，更何況梅夫斯公爵的居城又那麼豪華，隨著他來的這些人馬，也都穿得非常得體美麗，顯然自己的女兒應該不會被他虧待。好吧，好吧，就讓公主嫁給他吧。國王心想。

就這樣，沒過多久，公主就隨著大隊人馬，嫁到了梅夫斯公爵的新城堡裡去。沒過多久，他們夫妻倆還生下一個小孩，這小孩顯然最後一定會繼承國王的王位，公主這樣想，梅夫斯也這樣想，但國王不太願意這樣想。

梅夫斯想到這裡，就覺得自己人生已經完全滿足了，於是他突然心血來潮，和拉瑟說：

「拉瑟，我的僕人！」

「是的，主人。」

「我現在已經覺得人生沒什麼好追求的了，不如現在你來和我說說看，你有沒有想做的事啊？」

「主人，我這一輩子已經不知道給予多少人榮華富貴，我對榮華富貴已經完全失去了興趣。我現在想要做的事情，就是希望沒有人再能命令我，我也不再需要理會別人的願望。主人，你把一開始拿到的那一張紙交給我吧，這樣一來，以後就再也沒有人能夠命令我，那麼我就重獲自由了。」

「啊，這事情很簡單啊，我告訴你啊，當初我們相遇時的那一棟破屋子，就在我城堡庭院的一個角落，你去那破屋子裡面，那張紙還放在屋內的箱子上呢，你就去自己拿走吧，拿走了你就不用回來了。」

「是的，我的主人。」

於是拉瑟按照梅夫斯的命令，跑到了破屋子裡，找到了那箱子上的紙片。拉瑟把那張紙拿走的瞬間，梅夫斯赫然發現他坐在那棟破屋裡的一張破椅子上。

「咦？宮殿呢？金碧輝煌的宮殿呢？服侍我的人呢？」

他轉頭一看，自己的妻子抱著小孩，躺在一堆破爛無比的麥稈上，正生著氣。

「哎呀！這是怎麼回事啊！所有的東西怎麼都沒了！」

梅夫斯大喊：「拉瑟！我的僕人！拉瑟！我的僕人吶！」

沒有任何回應，現在回應他的，只有從破窗子吹進來的風聲。那國王本來坐在自己的宮殿裡面用著餐，透過窗戶欣賞著那女兒居住的金碧輝煌的城堡，但下一個瞬間，那城堡不見了。

「咦？城堡怎麼突然不見了。」

國王非常疑惑，就立刻率領眾人，趕路前往那美麗的城堡。現在眼前哪有什麼城堡？只有一棟破屋子。破屋子打開，只見他自己的女兒和孫子躺在一堆破爛的麥桿上。梅夫斯公爵失魂落魄地坐在椅子上，正在那兒發呆呢。國王立刻就大怒了起來：

「欸，你這個最可惡的詐欺犯吶！」

國王在憤怒當中，立刻叫他左右的士兵把梅夫斯公爵逮捕，將他打入大牢。過程中，不管梅夫斯怎麼大叫：「拉瑟，我的僕人！」灰衣的獨眼小個子老人都沒出現。梅夫斯越叫，國王越覺得這人是個騙子，便小心翼翼地把自己的女兒和孫子送回公主原本的房間裡去。國王認為，梅夫斯公爵根本就是用了一些幻術或不知道什麼原理的勾當在騙人，罪不可赦，立刻命令把他綁上絞刑台去。先折磨他一個月，然後準備當眾把他處死。

哎呀，在那處刑場裡邊，有好幾個罪犯，分別被綁在不同的處刑架上。每張絞刑台上，所有的人都沉默不語，唯一發出聲音的，是那輛收拾著死刑犯的鞋子的推車，在那兒「咿呀——咿呀——咿呀——」地緩緩前進著。推著那破車的人不是別人，正是拉瑟呢，拉瑟一邊嘻嘻笑，嘻嘻嘻嘻嘻嘻嘻嘻嘻嘻嘻嘻，一邊將車推到了梅夫斯旁邊。

「我說主人吶，啊，不，你現在也不是我的主人了。梅夫斯公爵大人，你現在在這絞刑台上做什麼呢？」

「呃，拉瑟，你怎麼會在這裡？」

「嘿嘿嘿，是這樣的，我就想看看，那個希望獲得不是自己錢財的人，最後會有什麼下場嘛。嘻嘻嘻嘻，所以呢，我到這邊來，收集這些死刑人的鞋子，推呀推呀推呀，咿呀——咿呀——咿呀——，推著這破車子來看你呀。我說梅夫斯公爵大人呀，你現在還看得到這張紙上寫著什麼嗎？」

拉瑟拿出那一張紙，想要戲弄梅夫斯。但在極度的疲憊之中，梅夫斯靜靜地說：

「我看不清楚啊，你拿近一點。」

小個子老人拉瑟爬上了絞刑台，將那微小的紙條拿得近一點。

「我還是看不清楚啊，拉瑟，請你可憐我，我的眼睛快睜不開了，再拿近一點吧。」

拉瑟拿得更近一點。梅夫斯把握了這個機會，立刻讓自己的右手掙脫繩索，伸手一搶，把那張紙給搶了過來，張口就說：

「拉瑟，我的僕人！」

那拉瑟還來不及驚訝，就雙眼圓睜地跪倒在地說：

「遵命，我的主人。」

「把我從這絞刑台上移走，讓我回到先前原本的宮殿裡邊。讓一切都恢復原狀！」

「是的，我的主人。」

於是那整座宮殿，金碧輝煌的宮殿，每一座塔樓上面都裝飾著黃金和翡翠，每一道門框有著美麗的雕花，就全部都恢復成原狀了。

梅夫斯回到自己城堡裡的位置，服侍他的左右也全都回來了，連同他的妻子和他的孩子，也就是國王大人的女兒和他的孫子，也被移到了絲綢製的美麗床榻上了。

那國王本來坐在自己的宮殿裡面用著餐，透過窗戶欣賞著天空，想著自己終於不用煩惱梅夫斯的事。但下一個瞬間，那城堡又出現了！那國王就覺得奇怪了：

「咦？咦？咦？我剛剛是不是看見那城堡消失了？」

旁邊的大臣說：

「是啊！」

「我幾天前是不是把梅夫斯公爵給綁來了？」

「是啊！」

「我幾天前是不是把梅夫斯公爵綁上絞刑台了？」

「是啊！」

「我幾天前是否決定幾天之後要把梅夫斯公爵處刑？」

「是啊！」

「那怎麼會這樣呢？」

這國王急急忙忙地去看絞刑台，絞刑台上面空無一人，他去看那間破屋子，哪有什麼破屋子，只有那一棟金碧輝煌的城堡啊。國王立刻找到梅夫斯公爵，且說：

「呃，我說，梅夫斯閣下，幾天前我是不是有來把你綁走啊？」

梅夫斯曖昧地說：

「哦，可能有可能沒有。」

「我幾天前是不是有把你綁上絞刑台啊？」

「哦，可能有可能沒有。」

「我幾天前是不是有說要把你處刑啊？」

「哦，可能有可能沒有。」

「那現在這是怎麼回事？」

「我說國王陛下，這世上一切的事情，就是這樣如夢似幻，難以掌握。既然現在我和你的女兒、你的孫子都過著好日子，你何不就回到你自己的宮殿去享福呢？」

國王聽了覺得有道理，就自己回到宮殿去了。

至於那拉瑟最後怎麼辦呢？拉瑟和他的主人商量，把那一張紙藏在某座深山中，在土壤七吋之下的大岩石底部。如此一來，再也沒有人能夠找到那張紙了，也就是說，再也沒有人能夠向拉瑟下命令了。不然的話，拉瑟又得要服務下一個找到那張紙的人，一直服務，一直服務下去，直到審判日來臨。但現在已經沒有人能找到那紙了。拉瑟從此消失了蹤影，紙張被藏在地底深又深之處。而梅夫斯也不再需要拉瑟的協助了，他和妻兒從此過著幸福快樂的日子。

至於最後會變成怎樣呢？我只知道梅夫斯和他的妻兒，在我離開這故事之前過著美好的日子，至於我離開故事之後，一切就難說了。

懶鬼

立陶宛

本故事重述自立陶宛北部的民間譚。「懶惰的男孩」是非常著名的民間譚群，除了歐洲全陸都可見此類故事的語料採集紀錄外，也可在西亞、北美洲、拉丁美洲等地看見這則故事類型：ATU675。此故事類型雖被稱為「懶惰的男孩（The lazy boy）」，但遍覽這故事類型當中的各種異文，會發現這些男子未必都屬於嚴格意義上的「懶惰」，有些比較狡猾，只想逃避麻煩，有些甚至算得上伶俐，只是個性有點古怪。有些長相端正富有魅力，像阿法納西耶夫所蒐集的俄羅斯版同類型異文中，公主一看到這少年就愛上了他。有些則長相極為醜陋，例如隸屬本故事類型的巴西耳《五日譚》第一日第三篇故事中的佩倫托（Peruonto），就被形容為「禿頭、梟眼、鸚鵡鼻、石斑魚嘴」。

在這故事類型當中，按照不同的異文，男主角往往會因為不同的動物（例如鮪魚、梭子魚、青蛙、蛇等）或其他超自然的存在，而獲得有願必應的能力。下述故事所重述的文本，來自立陶宛的異文，雖有不少情節可在其他異文中看見，但同時也可看見立陶宛獨特的幽默感。

有這麼一次，在我們那個村莊那邊，有一個家裡面發生了不得了的事。

他們有一個爸爸，有一個媽媽，還有三個兒子。這個爸爸非常的勤勞，媽媽也非常的勤勞，大哥更勤勞，二哥比大哥還勤勞。但是勤勞這東西，在這幾個人身上已經分完了。最小的孩子，什麼勤勞都沒有分到，基本上是一個懶惰鬼。

這一個懶惰鬼，如果要給他一個名字的話，就叫拔黎斯。這個拔黎斯睡在爐子後邊，那裡有個小空間，他就睡在那。每天要做的事情，就是睡醒，然後又睡著。接著又睡醒，然後又睡著。至於他吃不吃東西，沒有人知道。因為每次母親把早餐或晚餐放在爐子後邊，過了一陣子再去看，好像沒有動，又好像動了，到底有沒有吃，沒人知道。

可是這個三兒子，竟然也這樣慢慢地長大了。只是他到底長什麼樣子，這一家人也不是很確定，因為他太少從爐子後面爬出來了。每一次要把他從爐子後面拖出來，說：

「去，去，去，去餵馬！餵馬！」

都要拖個半天。與其指望他，不如自己去做。拔黎斯就是懶惰到這種程度。不過，有一年冬天……在我們那邊，準備過冬是很辛苦的事，要做的事很多。所以爸爸也在忙，媽媽也在忙，兩個哥哥也在忙，可是就是在這種時候，更要記得給馬餵多一點燕麥，不然馬驃不夠肥，過冬的時候很麻煩。於是媽媽就說：

「拔黎斯！給我去餵燕麥去！」

那個拔黎斯，你也不確定他有沒有聽見，因為他不會有回應。你只能聽那個爐子後面，有沒有爬出來的聲音……

（停頓）

顯然是沒有。所以媽媽又叫：

「拔黎斯！拔黎斯！拔黎斯！！！」

這樣叫了幾次之後，拔黎斯覺得母親非常的吵，只好慢慢地準備爬出來。伸個懶腰，首先從右邊的十根指頭開始，然後是右邊的手掌，接著是右邊的手腕……這樣講下去，這故事就沒辦法進行了。反正他從右邊到左邊伸了一次懶腰，從眼皮到腳皮也伸了一次懶腰，總算是從爐子後面爬了出來，站了起來，準備要去提水來餵馬了。

他提著那水桶，慢慢從右邊晃到左邊，左邊晃到右邊，抬著腳，放下腳，走到井邊去。他到了井邊，看見水面自己的倒影，又開始思考起來：到底水桶要怎麼伸下去舀水，是要從右邊舀呢？還是從左邊舀呢？

就在這時候，這一個懶鬼拔黎斯，雖然人很懶，眼睛倒是不懶。他看見這口井水裡面，有個東西啵啵啵在游動。平常是懶鬼的拔黎斯，眼睛盯緊，雙手一伸，抓起來就是一隻梭子魚在他手裡。梭子魚大叫說：

「放我走啊！」

「不——要——」

「……你說話為什麼說得那麼慢啊？」

「你——管——我，我——要 ——— 吃……」

「等到你話講完，我也老死了。快點放我走啊！不然這樣好了，我教給你一句咒語。這一句咒語就是：『依神之名，依梭子魚的命令』，不管什麼願望，只要在前面加這麼一句，願望都會達成。

「真——的——嗎？那——」

拔黎斯思考了一下，張口就說：

「好，依神之名，依梭子魚的命令，幫我把馬都餵好！」

「等等，你剛剛說話不是很慢嗎？」

「如果是能夠幫助我懶惰的事，我會快快做好。」

就在他們講話的時候，一瞬間所有的馬都餵好，水也提好了，燕麥也備妥，連乾草堆也都安置好了。一個瞬間之後，拔黎斯又能夠繼續偷懶了。於是他又鑽回爐子後睡覺。

全家人忙東忙西的時候，沒人管拔黎斯，到了晚上全家人都忙完了，才想到應該要關心一下拔黎斯到底有沒有餵馬。於是母親、父親、兩個哥哥一個一個跑去看，只見所有的東西都弄好了。他們非常的驚訝！這有可能嗎？他有可能去做這個嗎？他可能去做那個嗎？他們都不相信。

隔天，母親裝作很和善的樣子，又說了：

「拔黎斯！你昨天做得很好，同樣的事，今天也要做，明天也要做。如果你一直都做得好，我們會給你獎賞。」

母親話才說完，睡在爐子後面的拔黎斯，就小聲說著：

「依神之名，依梭子魚的命令，今天、明天和以後所有日子，都幫我把馬餵好、燕麥備好、水提好、乾草堆好！」

話才說完，一下子所有的事情都做好了。母親她看到了，不，或者也可以說她沒看到。就好像有句老話講的：「有又沒有。[1]」母親立刻問兩個大兒子說：

「你們有看過拔黎斯爬出來嗎？」

「沒。」

1 「有又沒有」的立陶宛文，為：「yra ir nėra」。

「那他怎麼把這些事完成的？」

「不知道。」

「是不是趁我們很忙的時候偷偷做的？」

就這樣，他們全家人都迷糊起來了，但是沒有辦法迷糊太久，因為過冬之前，還要去城裡面買點東西。兩個勤奮的哥哥，手腳俐落，立刻把兩匹馬的絡頭套好，挽具架好，拉了雪橇繩緊緊繫在雪橇上，兩個人準備坐上雪橇要進城去買東西。

這時說也奇怪，他們的弟弟拔黎斯，竟然也開始準備起雪橇來。但是和哥哥準備的雪橇不同，拔黎斯的雪橇，前面沒有任何一匹馬，只有一套雪橇繩扔在地上。這兩個哥哥見狀，就一邊大笑一邊說：

「哈哈哈哈哈拔黎斯，你知道雪橇是不能像你一樣懶惰的，雪橇要有馬來拉才行啊哈哈哈哈哈！」

不管這兩個哥哥怎麼笑他，拔黎斯一句話都不回，畢竟他懶得回。他只是默默把那雪橇打理乾淨，確認坐了不會垮掉後，就一個人呆呆地坐在雪橇上，什麼也不做。這兩個哥哥一看，笑得更大聲了，一邊揮揮手，就吆喝著馬拉起雪橇，往大城的方向前進。就在兩個哥哥離開之後不久，這個弟弟才張口說：

「依神之名，依梭子魚的命令，雪橇馬車，無馬前進，追著我的兩個哥哥駕的雪橇吧！」

於是這沒有馬拉的雪橇，立刻就往前衝過去，而且這雪橇下的滑行板，根本沒接觸到地面，一路上簡直就像是我們那裡相傳的飛龍，他平靜地飛在土地上面，沒有翅膀還能飛，飛在雪上，飛在山上，飛在樹上，果然快啊，一下子就快到都市裡了。

就在這時，讓我們來看看這座大城，城中間有一個城堡，城堡的高塔上住著公主，公主透過窗戶，窄窄的窗戶，看向外邊，就發現：哎呀，怎麼有一架雪橇沒有馬在拉，雪橇的滑行板也沒觸地，離地咻咻咻地飛著。公主看到此景，哈哈哈地笑了起來。這公主沒有什麼其他的特長，唯一的特長就是笑聲很大。哈哈哈，哈哈哈，哈哈哈哈哈！

（漸強的笑聲）

這笑聲，起初只有城堡內的人會聽見，後來大聲到城堡外的人都能聽見，像那個拔黎斯，這下子就聽見了。拔黎斯聽到笑聲，就說：

「依神之名，依梭子魚的命令，笑我的人立刻懷孕生子。」

於是這個公主，突然之間肚子就莫名大了起來，再下個瞬間，一個孩子就生了出來。好巧不巧，這時國王剛好經過她房間門口，目睹了女兒生小孩的那一刻。國王太震驚了，張開口半天，也只能說出「妳，妳，妳，妳，妳……」，說不出別的字。公主聽了就回說：

「爸爸，你就算沒說出來，我也知道你現在要說什麼。但是，你就算把我切成十二塊，還是把我把頭砍下來，也沒有用。因為我到死也不知道究竟發生什麼事。」

女兒雖然冷靜地解釋，但這位國王大人還是張著口，手足無措地在城堡的走廊裡說著：

「哎呀！這是誰啊？女兒的丈夫是誰啊？那孩子的父親是誰啊？啊啊啊啊啊！」

這國王就在宮殿裡面大叫個不停，但不管怎麼叫，都想不到原因。這父親叫了一陣之後，轉頭就一直逼問女兒：

「妳剛剛怎麼了？妳剛剛在做什麼？妳看到了什麼？」

「噢，我剛剛在笑。」

「為什麼要笑呢？」

「就是有件好笑的事啊。」

「什麼事啊？」

「該怎麼說呢，那景象得要想一下才知道怎麼表達。該怎麼說呢？就是，有一架雪橇沒有馬在拉，但看起來卻像有馬在拉。這太有趣了，我看了就覺得非常好笑。」

「哎呀，所以妳就笑了嗎！我告訴妳，在這世界上，有時妳隨便笑人家，就是立刻懷孕，妳沒有聽過這種事嗎？妳看，現在這不就發生了嗎？」

國王抓了抓自己的鬍子，且說：

「立刻把那個駕駛無馬拉的雪橇的人處死！」

那要怎麼找他呢？當然就是派士兵去追了。這時，拔黎斯架著他的無馬雪橇，在市街裡面衝來衝去。人們一方面看見無馬的雪橇，非常好奇地聚過來看；一方面既然無馬，這雪橇前進的速度和力量也就無從控制，到處橫衝直撞起來。這雪橇所到之處，驚叫和慘叫此起彼落，連城外的人都開始豎起耳朵聽。

在四處倒臥著身體的街道上，被國王派遣的一萬名士兵，在窄巷追捕他，在大道追捕他，在廣場追捕他。有些士兵看見了那一架無馬拉的雪橇，就對著雪橇上的拔黎斯大喊說：

「就是他！快把他抓起來！」

拔黎斯原本不怎麼在意街道上的慘叫聲，但這下子怒吼聲此起彼落，拔黎斯感到事情不太對勁，仔細一看才發現，原來四處都是追捕他的士兵。拔黎斯毫不慌張，懶洋洋地說：

「依神之名，依梭子魚的命令，所有追捕我的士兵，原地變成楊柳樹！」

於是所有在窄巷追他的士兵變成了楊柳樹，在大道上追他的士兵變成了楊柳樹，在廣場上追他的士兵也變成了楊柳樹。畢竟追他的士兵，分散在城內各地，城內到處出現了楊柳樹，樹上又覆上一層積雪，非常的美，連痛得哀哀叫的民眾，也不得不讚嘆起來。

城堡內的國王，坐在椅子上等啊等啊等啊，始終等不到後續的消息。他想說：「怪了，一萬名士兵去追一個人，追半天追不到？這堆士兵到底去了哪裡啊？」

（停頓）

越等越心急的國王，又加派另外一萬名士兵，命令他們立刻追捕這個無馬拉的雪橇的主人。這新的一萬名士兵，穿過了一棵又一棵的楊柳樹，在厚厚的積雪上留下亂七八糟的腳印。有些士兵在樹幹間的縫隙，看見了那一架無馬拉的雪橇，就對著雪橇上的拔黎斯大喊說：

「就是他！快把他抓起來！」

拔黎斯一看，又發現一群士兵，覺得煩了，趕忙就說：

「依神之名，依梭子魚的命令，讓新的這批士兵，全都變成山羊，而且每一隻山羊，都去啃一棵楊柳樹！」

於是，哎呀，哎呀，美麗的街道又變得髒亂，到處都是羊腳印和羊糞，每隻羊都在啃楊柳樹，啃得咔滋咔滋，啃得咔嚓咔嚓，咔滋咔滋，咔嚓咔嚓。城堡內的國王，坐在椅子上等啊，等啊，等啊，等得比剛剛還久，卻仍然沒有人回來報告說抓到了無馬拉的雪橇的主人。反倒是大臣急急忙忙地跑來說：

「國王陛下，城內發生了奇怪的事。稍早城內的巷子、大道和廣場，突然冒出了一萬棵楊柳樹。剛剛，又突然跑出一萬隻山羊，在啃那楊柳樹啊，到處都是羊腳印和羊糞，這是怎麼回事啊？」

大臣和國王在城堡內傷透腦筋時，拔黎斯在城內已經晃膩了。於是他架著他的無馬雪橇準備離開城，離開街道。在離城之前，他就說：

「依神之名，依梭子魚的命令，所有士兵，恢復原狀！」

這時，所有的羊變回了士兵，這些士兵的嘴巴裡面，有著變成楊柳的士兵的臉頰、牙齒、耳朵、眼珠、胃、腸、心臟、膝蓋、腳趾。所有從楊柳變回來的士兵，都各自剩下不同的身體部位。全城的人到處都在慘叫，拔黎斯倒是非常開心地回家去了。這下子，國王發現他不但損失慘重，而且仍然抓不到無馬雪橇的主人。他和自己的大臣商量，商量半天，還是想不到怎麼辦。怎麼辦呢，怎麼辦呢，這無馬拉的雪橇的主人到底是誰？

他們商量的結果，想到了一個不是辦法的辦法：

「既然這孩子是莫名其妙生下來的，那說不定，這孩子也能莫名其妙認出他的父親呢！」

就這樣，他們把城裡所有未婚的單身男子，全都強行帶來城堡內，一個一個讓那個公主生下的孩子指認。那孩子倒也沒辜負國王與大臣的期望，清清楚楚地說著「不是這一個，不是這一個，也不是這一個，不可能是這一個。」

他們把所有年輕人找來，全讓這孩子去看。這孩子看了一百個還能好好回答，看了一千個左右時，這孩子也已經不耐煩了，說的話已經變成：「這太醜了，這太臭了，這太老了，這個人不是單身，這人有蝨子，這人看不到的地方都爛了。」他就這樣，開始把各式各樣的人的祕密都講了出來。講半天，卻仍然沒有講出任何類似「這是我爸爸」的句子。

最後，終於輪到了拔黎斯的兩個哥哥。兩個哥哥遇到了這嬰兒，這嬰兒一看到他們，就說了：「啊，這兩個哥哥啊，雖然勤奮會做事，卻沒有女人緣呢，不可能是我的爸爸。」

這兩個哥哥聽了非常的生氣，就沒好氣地說：

「哼，讓成天窩在爐子後面的那個懶鬼來試試，說不定會聽到更難聽的話呢！」

國王聽說還有一個人，就命令他們，說立刻把那人帶來城堡。但是一如平常，不管兩個哥哥怎麼喊，怎麼求，拔黎斯都不想爬出爐子後面。不過後來聽說是國王親自要求，一直拒絕下去感覺更麻煩，於是拔黎斯唸了咒語，讓自己的床——如果那算是床的話——連同整個爐灶，一起瞬間搬移至國王城堡的正殿裡。

殿內的國王和大臣，才在驚訝正殿內怎麼突然出現了一整組百姓家中的爐灶，躺在搖籃中的公主的孩子，一看到爐灶後面的拔黎斯，就張口說：

「哎呀，我的爸爸就是你啊！懶惰鬼拔黎斯啊！」

就這樣，確認了孩子的父親，知道了事情的始末之後，國王命令大臣立刻把拔黎斯和公主帶到大教堂，逼他們結婚，逼他們許下誓言，逼孩子受洗。一切都逼完之後呢，這個拔黎斯，待在皇宮裡面，不知道要做什麼，不知道能做什麼。國王看他這樣啥事也不做，看了三天，受不了了，就說：

「你現在已經是公主的丈夫了，不用我說，你也知道未來你會變成什麼吧？這樣的話，你現在就要開始盡一些責任，繼承人的責任。」

拔黎斯聽了，立刻陷入迷糊中，就想也不想的回問說：

「繼承人還能有什麼責任？睡覺？還是繼續待在爐子後面？」

左圖：群 繪製

國王一聽，氣個半死，當下就厲聲說：

「這年輕人真是不知好歹。不過，既然知道了父親，知道這整件事怎麼發生的，那好，這一位懶惰鬼，可以說是根本就沒用了。把他關在木桶裡面，丟到海裡面去吧。於是，大臣命令左右人馬，搬出一只巨大的木桶，把拔黎斯關到木桶裡。一關進去，那個孩子就哭叫說：

「哎呀，爸爸呀！」

國王一聽就煩，便命令把孩子也關進去。孩子才關進木桶，公主就哭叫說：

「哎呀，丈夫啊！」

國王一聽更煩，就命令把公主也關進去。就這樣，三個人都被關進了木桶裡面，在海上漂流，漂啊漂啊，漂啊漂啊。漂久了，公主就哭，孩子也哭，只有拔黎斯非常地開心，因為在木桶裡，什麼事都不用做。他想到這，一個高興就開始哼起歌來。

「啦啦啦啦啦啦啦啦～」

「丈夫你在唱什麼歌啊？」

「我在唱木桶之歌啊！在木桶裡，跟在爐子後面一樣，哪有比這更好的事！」

「我才不要過這種生活！快點讓我們到陸地上去！」

於是，那拔黎斯就說：

「依神之名，依梭子魚的命令，讓我們離開這木桶，進到一座最美的城堡裡去，裡面有各種吃的喝的！」

突然間一個眨眼！拔黎斯和他的妻子和小孩，就坐在那最美的城堡裡，要吃有得吃，要喝有得喝，沒什麼需要憂心。但拔黎斯內心卻正在生國王的氣。他不想放過國王，於是他又許願：

「依神之名，依梭子魚的命令，在我的城堡和國王的城堡中間，造一座金銀橋，且讓我擁有成千上萬的士兵，士兵多到能夠把國王丟出他的領地。」

就這樣，拔黎斯率領大批軍隊，浩浩蕩蕩走過金銀橋，直接攻入國王的城堡，國王的人馬被殺個措手不及。在大軍之前，國王跪下道歉，且顫抖地說：

「請放過我吧，我願意將整個王國交給你。但請你一定要把這國家照顧好！」

拔黎斯坐上了王位，而原本的國王則不知去向。由於梭子魚贈予的願望，讓拔黎斯變成了國王中的國王，沒有什麼可畏懼，畢竟他的軍隊強過世界上所有的軍隊。至於拔黎斯辦宴會的時候，那宴會的規模之大，前所未有。我剛好就在那場宴會裡面大吃大喝，拋下煩惱，隨處一坐，透過窗戶看著大海，隨風搖擺。

楊雨樵說書現場

豔紅仙女[1]

印度

重述自分布於印度北部至喀什米爾的民間譚。本故事出現了數個分屬不同故事類型的片段，前半故事的情節，較為明顯者包含ATU402「動物新娘」，以及ATU875「聰慧的鄉間少女」。針對前者，相關母題包含「由父親提出測試」，並且在面對父親的測試時，具有非人外觀的動物新娘「提交出最精緻的織品」。而在後者的故事類型中，相關母題則有「新娘的考驗：完成難題」。後半故事的情節，則與類型ATU400「丈夫尋找失蹤的妻子」有顯著關聯，相關母題包含「尋找失蹤的妻子」以及「神奇地脫逃」等等。事實上，上述提及的數個母題，經常廣泛地出現在相當多故事文本中，為典型的程式性情節。脫逃情節裡，往往會應用三個道具或四個道具來製造障礙，阻止追殺者前進；本故事中卻出現了七個道具，引起了十分浩大的場面，在該類型的諸異文中是相對較為少見的描摹。此外，本故事的重述，也依循當地故事講述者們重述故事時的特徵：故事講述者會偶爾現身於文本中，對故事的情節景況進行帶有喜劇元素的評論。

以前有一個王，名叫超日[2]。這王有七個兒子，他很希望這七個兒子能夠很快找到適合他們結婚的對象，於是就請智者在國內找，在國外找，在各式各樣的地方找，但一時間卻找不到。那智者正在林中苦惱的時候，遇到了另外一位智者，正如你所預料的那樣，另外一位智者恰巧在為他們的國王的七個女兒，尋找適合結婚的對象。

於是透過這兩位智者聯繫，七位王子與七位公主就這樣準備成婚。但超日王不太確定，是否一定要自己的長子配對方的長女，並要求雙方都按出生順序各自成婚。他覺得這主意太僵硬，不如讓七個兒子各自射箭，七位公主則各自藏身在一棟小屋內。這些王子並不知道誰在哪棟小屋內，只需要專心地射箭即可。射出去的弓箭落在哪一位公主住處的屋頂，就與哪一位公主結婚。不知道是幸還是不幸，長子的弓箭真的落在大公主的屋頂，次子的箭落在二公主的屋頂，依序下去，七王子的箭就落在七公主的屋頂。

---

1 原文為「लाल परी」。「लाल」意思是「鮮紅色」，源自古典波斯語的詞彙。「परी」可以音譯為「帕里」，也是源自古典波斯語的詞，指的是一種仙女、神女或精靈。根據古典圖像或部分民間譚的文本內容描述，可見這種仙女有時具有人面鳥身，其羽毛具有不可逼視的光線，有時則以純粹的人形出現。

2 原文為「विक्रमादित्य」，漢譯為「超日」。雖然超日王在印度的歷史中確實存在，但民間譚的講述者在引用史實中存在的人物時，其意圖未必是將史實中的社會或文化背景引入故事文本中。在本故事的其他異文裡，亦有其他的王或無名字的王出現。

就這樣，每一位王子各自去會見即將與自己結婚的公主，每位王子與公主都對彼此都感到滿意，除了七王子與七公主之外。因為七王子打開房間門一看，只見屋內有一隻猴子。這並不是指七王子說人家長得像猴子，而是眼前的那位公主，從頭到腳，從毛髮到五官，真的就是一隻會在森林中出現的猴子。七王子並不覺得厭惡，而是不知道接下來應該怎麼做，是說話嗎？還是做肢體動作？正當七王子疑惑的時候，那隻猴子開口說話了：

「我知道你在想什麼，別擔心，別人會的我都會，別人不會的，我做得更好。」

七王子既覺得奇異，又覺得有點緊張。但總而言之，他們還是結婚了，每天講點話，吃點東西，暫時沒有什麼問題。通常有問題，都是因為父親超日王的緣故。因為過沒幾天，這位心急的父親，就想看看每一位公主的手藝了。

「我的兒子們啊，差不多該讓我看看你們的妻子親手製作的手帕了。」

他們結婚還不到一個禮拜，但國王的時間有時過得比別人慢，總希望找點事情來讓自己開心。每位兒子沒有多想，各自回家去和妻子商量這件事，並且立刻前往市場去買

蠶絲、金線、銀片和所有珍奇美麗的裝飾品，準備製作出無比精緻的手帕。但七王子變得相當緊張，他回家之後，吞吞吐吐，憂憂鬱鬱，想說又不敢開口。妻子開朗地問了幾次，七王子才說：父親想看妻子親手製作的手帕。妻子立刻大笑地說：

「哈哈哈哈哈，這太簡單了。你照我說的做。今天下午，你就騎著一匹馬去城外的河邊，在河的右岸找到一棵美麗的菩提樹。到了那菩提樹下，你就對著河面大喊三次：『拜託！拜託！拜託！』[3] 河裡就會傳來話語聲問：『誰拜託我？』你就說『豔紅仙女拜託妳。』接著，就會有一枚杏仁落在地上，你把那枚杏仁帶回來給我就好。」

七王子半信半疑，姑且照著妻子的話做，騎馬到城外的河邊，在河右岸找到一棵菩提樹，在菩提樹下大喊三次「拜託！拜託！拜託！」果然河裡就傳來話語聲問：「誰拜託我？」七王子就說：「豔紅仙女拜託妳！」說完，果然有一枚杏仁落在地上。

左圖：群 繪製

3 請求：這邊的印地文是「फरियाद」（fariyād），意為請求、請願、抱怨。

七王子不懂這枚杏仁和手帕有什麼關係，用兩隻手拋接著這枚杏仁，回到家之後，七王子把杏仁隨手擲向妻子，妻子笑嘻嘻地接住，且說：

「現在，閉上眼睛，閉上眼睛。一下下就好。」

七王子閉上了眼睛，我也閉上了眼睛，畢竟講故事只要嘴巴能張開就好。在我這樣講的時候，那妻子笑嘻嘻地將杏仁剝開，從裡面拿出一方手帕。七王子睜開眼的時候，他根本不知道怎麼形容那方手帕的美，我也不知道怎麼形容，幸好我不用畫出來。如此美麗的手帕，讓七王子高興得不得了，他迫不及待地想拿給父親看，整夜翻來覆去沒有睡好。

隔天早上，超日王依序欣賞了其他王子帶來的手帕，並給予他們適度的評價。輪到七王子的時候，只見七王子手上捏著一枚杏仁，超日王與哥哥們都覺得很奇怪。七王子故意做了一些彷彿雜耍似的手勢，然後從剝開的杏仁裡面抽出那方言語無法形容的手帕，現場大家都沉默了。

（停頓）

超日王非常喜歡這方手帕，給了七王子不少額外的獎賞。原本事情就可以這樣結束，但我們知道，讓王太開心，有時反而會惹出新的麻煩。超日王因為太開心，便立刻又想了個點子，希望過幾天可以辦一場筵席，每一位王子的妻子都要準備一道菜來。他希望可以吃到各式各樣厲害的手藝。每位兒子沒有多想，各自回家去和妻子商量這件事，並且立刻前往市場去買各種香料，波斯的香料，中國的香料，諸海島的香料。七王子則變得比上次更加緊張，他回家之後，更加吞吞吐吐，更加憂憂鬱鬱，更加想說且更不敢開口。妻子開朗地問了幾次，七王子才說：父親想在幾天後的筵席上，品嚐妻子烹調的菜餚。妻子立刻大笑說：

「哈哈哈哈哈，這太簡單了。你照我說的做。」

妻子和先前說了一樣的話，七王子也就做了一樣的事，不過，這次落到地面的是一塊磚塊。七王子有點錯愕，磚塊能做什麼？由於這磚塊頗重，七王子也沒辦法在手上拋來拋去，只能有點沮喪地將這磚塊拿回家，並且隨手把磚塊扔給妻子。妻子熟練地接住磚塊，且說：

「現在，閉上眼睛，閉上眼睛。一下下就好。」

就在七王子閉上眼睛的時候，妻子把磚塊掰開，磚塊裡面立刻出現了一座巨大的城，城中有各式各樣的廚師，準備好了各式各樣的材料與香料，別說一道菜，這群廚師沒一會兒就做了四十道菜。七王子叫人把所有烹調好的菜餚端到筵席上，讓父親吃個夠。超日王吃了一道，再吃一道，再吃一道，再吃一道，每一樣都美味無比，根本停不下來。這下子，王更開心了，就又提出了更麻煩的要求：他要辦舞會，並希望所有王子的妻子都要盛裝出席。

七王子這下不知道該怎麼辦，但當他和妻子說了這件事之後，妻子似乎不以為意，過著和平常一樣的生活。直到要前赴王宮時，七王子為了盡可能避免妻子的外貌被別人看見，於是特別準備了轎子，並將轎子上的簾子全都放下來。但在轎子內，這位妻子開始脫衣服，卸下臉上、脖子上與身上的種種裝飾，最後連猴子皮都脫了下來，收在轎子裡面。

當七王子準備好來轎子旁迎接公主時，只見簾子一掀開，七王子根本不知道她是誰，或者也可以說，雖然知道，但不敢說自己知道。他眼前的這位女子，根本無法用言語形容，頂多只能形容這女子的剪影。這女子頭髮的輪廓如此的光滑，女子的鼻影在牆上留下銳利的線條。至於其他的部分，都不是我能形容的。七王子只能呆呆地站在旁邊看著妻子，並且立刻想知道，轎子裡究竟發生了什麼事。

當妻子在舞會當中與其他妻子交談時，七王子偷偷跑到妻子的轎子裡面一探究竟。他很快就發現了一張猴子的皮，上面的毛髮和五官，都是先前妻子的模樣。他不想要妻子再度穿上這猴子皮，就叫人生了火，且把猴子皮丟到火裡燒了。燒著，燒著，皮燒起來的臭味立刻傳入了王宮中，傳到了妻子的鼻子裡。妻子沒多說什麼，和其他人簡單道別，轉身走出王宮，不看其他人，不與其他人說話，自己掀起轎子的簾子，自己坐了進去，無聲無息。

（停頓）

等到七王子燒完了皮，回到王宮中，得知剛剛自己的妻子已經離開。他渴望再見脫下猴皮的妻子一面，於是掀開轎子的簾子，不知道幸還不幸，轎裡空無一人。不管七王子再怎麼看，怎麼找，轎子內外上下全都沒有妻子的身影。七王子越找越焦急，越找越不安。平常並不是特別兇的人，在此時都會兇起來，他開始懷疑是抬轎子的人偷偷把妻子帶走，於是對著這些抬轎的人拳打腳踢。不知道幸還不幸，七王子原本就不是強壯的人，但抬轎的人都很強壯，所以雖然默默挨打，倒也不痛，只是一再地和王子說：他們並不知道詳情。

王子像是失神的人一樣，到處晃，到處游移，不知道從何找起，也不知道要找誰幫忙。他來到了森林中，遇到了苦行僧。幸而就算他失神，他還知道面對苦行僧需有禮，他行禮表示尊敬，並求助於苦行僧，且說：

「拜託你告訴我，我的妻子跑去哪兒？我要怎麼樣找到她？」

這苦行僧經歷過嚴酷的修行，習得了一些神通，但他沒有立刻回答七王子的問題，而是等七王子跟著他度過幾天生活之後，才開口回答說：

「你的妻子正如她的名字，是一名仙女，豔紅仙女。她現在住在她的家鄉，和其他的仙女待在一起。那裡非常非常地遠。你得先準備一匹你所擁有的最快的馬，騎上那匹馬前往仙女的國度。等你到了那裡，你會看見她躺在某一處。她躺在一張非常美麗的波斯地毯上，頭下墊著一塊磚塊，腳下墊著另一塊磚塊。她睡得很深，並且已經忘記了你的事情。你在叫醒她之前，要先將她的頭部移動到腳的位置，腳移動到頭的位置，這樣你叫醒她的時候，她才會想起你的一切。接著將她安置在馬上，然後用棉花沾水塞住自己的雙耳，免得仙女用帶有力量的呼聲將你拉住。記得，讓馬全力奔馳，全力奔馳！仙女們的速度很快，你有可能逃不出她們的國度。我這裡給你幾包錦囊，當你發現快要逃不掉的時候，就把一包錦囊中的粉末撒出去，為自己爭取時間！等到你們逃到看得見我的地方，才算安全。」

七王子牢牢記住苦行僧的話語，並按照苦行僧指示的方向前往仙女的國家。不知道走了多遠，也不知道走了多久，終於抵達了仙女所在的國度。在那國度裡，七王子披著骯髒的布，偽裝自己的身分，四處尋找妻子的下落。最後，總算在一棵菩提樹下的波斯地毯上，找到了自己的妻子。她睡得很熟，並且正如苦行僧所言，她的頭下墊著一塊磚塊，腳下墊著另一塊磚塊。七王子小心翼翼地將妻子的頭和腳的位置互換，讓頭部移動到腳的位置，腳移動到頭的位置，然後才叫醒她。她醒來，恢復了記憶，認出眼前的人是七王子，自己的丈夫。

七王子扶妻子上馬，自己也騎上馬背，用棉花沾水將雙耳塞住，然後全速奔馳。果然仙女們很快就發現他們的意圖，於是發出了帶有力量的呼聲。但七王子已經把耳朵塞住，他只聽見呼呼的風聲。仙女們立刻呼朋引伴，以不可思議的速度，從各式各樣的角落逼近這對夫妻，地上也有，天空也有，仙女的手從所有的方位伸了過來。此時七王子打開苦行僧給他的第一包錦囊，撒出裡面的粉末，一陣大雨化為滔天洪水沖走了仙女。但不久，仙女群又大批湧了上來。七王子撒出第二包錦囊的粉末，吹起了一陣難以言喻的沙風暴，將仙女捲上天空，遮蔽了她們的視線，但仍然只是暫時阻擋她們而已。不可勝數的仙女仍然團團包圍著他們。

七王子一時心急，在駕馬疾馳的同時，一口氣打開剩下的五包錦囊，將裡面的東西全都倒出來。一時之間，仙女居住的國度先是充滿暴風，接著被無盡的黑暗籠罩，轉瞬間一陣鋪天蓋地的冰雪暴，濃郁陰森的血雨，和從地底四竄而出的焦灼烈焰接連襲來。仙女見狀，不得不停下來且說：

「欸，這也太誇張了吧……」

七王子看見那景象，也說：

「我也這樣覺得……」

不管如何，七王子帶著妻子，在馬上不分晝夜地奔馳，總算回到了看得見苦行僧的地方。獲救的七王子和妻子，向苦行僧致意，苦行僧賜予他們福佑。七王子與妻子最後回到宮中，過著快樂的日子。

以前發生的事情，人都經歷過；

以後發生的事情，則無人經歷過。

惡魔的妻子

法國

重述自法國南部的民間譚。此故事文本的大部分情節，都屬於類型ATU425A「動（怪）物丈夫」。此類型的故事中，常見父親會用最小的三女兒來換取自己的財富或安全，至於嫁出去的小女兒，依照不同的異文，往往展現出截然不同的意志。以此故事文本或部分東歐的故事（例如阿爾巴尼亞的異文）來說，小女兒往往會勇於主動，選擇這位外貌並非人類的丈夫（有些甚至稱不上具有生命）。這種主動也進一步引起了姊姊的猜疑與嫉妒。在關鍵的母題「尋覓消失的丈夫而來的考驗」中，附隨著另一個母題「在考驗中由太陽、月亮和風指引方向」，透過這些超自然存在的指引方式，折射出古時候此故事的傳述者對於這些自然物的理解。

本故事大部分的篇幅，聚焦於女主角的行動：她適當地隱藏自己的情緒，並透過適當的安排，使種種事物的運作免於因過度情緒化的決定而失去控制。在此類型故事中，許多異文的結尾多可見透過重重考驗的女主角，與丈夫「過上幸福美滿的日子」的情節程式，但這則故事的主角似乎承認了雙方的不適合而另做選擇，為較罕見的結尾。此類型故事，可與本書〈蛇郎君〉（故事類型ATU433D）作為參照與比較。

從前，有一位老男人，他有三個女兒。這三位女孩都在富貴人家當女僕，從早忙到晚。因此不到傍晚，他們的父親就見不到自己的三位女兒。這也就是說，這位爸爸大部分的時間都是一個人，天氣好的時候，忙完田裡的工作後，就會坐在屋外的椅子上發呆；冬天的時候則坐在壁爐前，把前幾個月累積的疲勞消化掉。

就有這麼一天，天氣很好，風和日麗，這父親剛醒來不久，搖搖晃晃地走到門口，突然就被一陣非常巨大的怒罵聲給嚇了一大跳！他抖了抖頭，眼睛眨了幾下，才發現自己眼前正站著一隻身形頗高大的惡魔。

「你們真的該死！全都給我下地獄！」

「嗄？」

「把你們養的雞從我的玉米田裡趕出去！現在立刻！」

「呃？」

「然後把你其中一個女兒交給我。要是不交出來，我就吃了你！」

父親還不清楚發生什麼事，惡魔就已經碰踏碰踏地大力踩著腳步離開了。到了晚上，大女兒先回家了。父親想起了惡魔講的事，就和女兒說：

「今天來了一隻巨大的惡魔，他要求我把我們養的雞從他的玉米田趕出去，然後要把其中一個女兒交給他。如果我不交給他，我就會被吃掉。」

「所以呢？」

「妳願意去惡魔那邊住嗎？」

「他罵的是你，和我沒關係。我寧願他直接把你吃掉，也不要去惡魔那裡。」

父親點點頭，不敢多說什麼，也沒有和其他女兒商量這件事。第二天，雖然還是風和日麗，但父親並不開心，因為惡魔已經站在門口了。

「立刻把你們養的雞從我的玉米田裡趕出去！然後把你其中一個女兒交給我。要是不交出來，我就吃了你！」

「我知道啦！昨天聽過了！」

「那女兒呢？」

「再等等，再等等。」

惡魔和昨天一樣，碰踏碰踏地大力踩著腳步離開。到了這日傍晚，二女兒先回家來了。父親硬著頭皮和二女兒說：

「今天來了一隻巨大的惡魔，他要求我把我們養的雞從他的玉米田趕出去，然後要把其中一個女兒交給他。如果不交給他，我就會被吃掉。」

「所以呢？」

「妳願意去惡魔那邊住嗎？」

「我還要賺錢度日，你又不用做什麼事。我寧願他直接把你吃掉，也不要去惡魔那裡。」

父親點點頭，不敢多說什麼。這一天父親幾乎沒有睡，在床上翻來覆去，天才剛亮，那個碰踏碰踏的聲音已經到了門外。

「立刻把你們養的雞從我的玉米田裡趕出去！然後把你其中一個女兒交給我。要是不交出來，我就吃了你！」

「就說有聽到了嘛，但是……」

「嗄！」

今天惡魔的心情好像比前兩天更糟，說話的聲音大到連空氣都快起火了。離開時，不僅碰踏碰踏地大力踩著腳步離開，每個腳印旁邊還都有燒焦的痕跡。這天晚上，最小的女兒最早回家，父親就戰戰兢兢地和她說：

「那個……今天……來了一隻巨大的惡魔……」

「嗯，姊姊有和我說了。」

「那……」

「我覺得惡魔滿不錯的，就讓我去看看吧。」

小女兒話才說完，就從屋外傳來了巨大的聲響，惡魔氣急敗壞卻又迫不及待地跑了進來，抓著小女兒的手就往屋外走，或者是往屋外飛，或者是用某種不是人類能夠移動的方法離開了。一個眨眼，惡魔的家就到了，是個出乎意料地非常美麗的地方，屋外有著一望無際的玉米田。

「雖然很趕，但我希望妳今晚就成為我的妻子。既然是妻子，我就不會吃妳。」

「好啊。」

「現在這樣一看，妳還真美。」

「謝謝，很多人都這樣說。」

「既然妳這麼美，我看我也變一個樣子來給妳看看吧。妳想要我變成風，還是變成狗，還是變成刺蝟？」

「刺蝟吧，我想看刺蝟。」

惡魔一個眨眼就變成了刺蝟的樣子。那小女兒看了一眼就說：

「頗醜的。」

惡魔沒說什麼，只是默默將刺蝟皮脫下來，往窗外丟出去，就和這位女子做了各種他們想做的事，以及能做的事。

就在他們做著各種事，並且感到非常歡愉的時候，這女子的兩個姊姊一直在想：被惡魔抓走之後，會如何呢？被吃掉嗎？怎麼吃？還是會有什麼下場？兩個姊姊太好奇了，於是費盡千辛萬苦，從她們舒服的家，跋山涉水好一陣子，穿過了一望無際的玉米田，還遇到了幾隻雞（到底是誰的雞？）兩位女子畢竟做了多年的女僕，體力還不錯，終於氣喘吁吁地來到了惡魔美麗的家。

現在這兩位女子在想，是不是可以聽到妹妹的慘叫聲，結果只有聽到叫聲，或者更接近歌聲。兩位姊姊覺得很奇怪，就循著歌聲，沿著牆壁找，找，找，找到了一扇窗戶，一看進去，只見惡魔和自己的妹妹，正在非常快樂地做著他們想做的事，以及能做的事。兩位姊姊越看越生氣，但她們也不知道為什麼生氣。

她們實在太氣了，離開的時候也沒看路，結果兩個人被地上的一件刺蝟皮給絆倒，然後兩個人的臉、身體和胸部，就被刺蝟皮上的刺戳了一大堆小洞。她們更加生氣，抓起這刺蝟的皮，拿出手上的打火石，戚嚓、戚嚓地打出火花，把刺蝟皮給燒掉了。

惡魔嗅到了自己的刺蝟皮被燒掉的氣味，又發起脾氣來，且對妻子說：

「親愛的，我很生氣！我的刺蝟皮被燒毀了！我會永遠詛咒這樣做的人類！親愛的，我必須留妳一個人在這，我得去找到燒毀我的皮的人，我會找到他們，懲罰他們，讓他們死去或永不死去。」

說完，惡魔就消失了蹤影。這位剛成為妻子不久的人非常不高興，她想著惡魔並沒有別人說的那麼可惡，惡魔帶給她許多快樂，而那些隨便燒毀別人的皮的人，才是真正壞的人。

在這邊生氣也不是辦法。妻子動身去尋找惡魔丈夫，她到處走，到處找，並且好好地吃東西，吃好東西才好找人。她走到了天上去，抵達了天空的風神的家。

「風太太，午安。妳有看到我的惡魔丈夫嗎？」

「我沒有看到他。但我先生到處吹來吹去，跑來跑去，可能看過他。等他回來吧。但在他回來之前，妳得先躲在水槽下面。」

妻子躲在水槽下面，等著風先生吹回來。沒過多久，空氣呼呼呼，呼呼呼地吹了起來，風先生一邊吹著，一邊回家來了。風太太看到他，就抱怨著說：

「好了！不要回家來還一直吹，而且盡吹些冷風，不要再吹冷風了！我要問你問題，別吹了！」

「什麼問題？」

「惡魔在哪？你有看到他嗎？」

「沒有，不管在地上還是空中都沒看到。我想太陽應該會知道吧，去問太陽比較清楚。妳問這個做什麼？」

「因為惡魔妻子在找他。你想見她嗎？」

風先生點頭。於是風太太把惡魔妻子從水槽下帶了出來。一看到惡魔的妻子，風先生立刻就忘了繼續吹風了，這惡魔妻子太美了。風先生一直看，一直看，看到風太太咳嗽為止。風先生立刻說：

「我這邊有一台理羊毛用的梳毛器，說不定會派上用場，我就送妳吧！」

就這樣，惡魔妻子帶著梳毛器，又來到了太陽的住處。

「太陽太太，午安。妳有看到我的惡魔丈夫嗎？」

「我沒有看到他。但我先生到處照來照去，巡來巡去，什麼東西他都看得見，大概看過他。等他回來吧。但在他回來之前，妳得先躲在床後面。」

妻子躲在床後面，等著太陽先生照回來。沒過多久，果然有道強光照來照去，看來太陽先生一邊到處看，一邊回家來了。太陽太太看到他，就抱怨著說：

「好了！不要一直照，我快熱死了。不要一直變熱！我要問你問題，別照了！」

「什麼問題？」

「惡魔在哪？你有看到他嗎？」

「沒有，我在世界各種角落都沒看到。我想月亮應該會知道吧，去問月亮比較清楚。妳問這個做什麼？」

「因為惡魔妻子在找他。你想見她嗎？」

太陽先生點頭。於是太陽太太把惡魔妻子從床後面帶了出來。一看到惡魔的妻子，太陽先生立刻就忘了繼續照了，或者也可以說，他一直照同一點，畢竟惡魔妻子太美了，差一點就讓她的頭髮焦了。太陽先生一直看，一直看，看到太陽太太咳嗽為止。太陽先生立刻說：

「我這邊有一台紡羊毛用的紡車，說不定會派上用場，我就送妳吧！」

就這樣，惡魔妻子帶著梳毛器和羊毛紡車，又來到了月亮的住處。月亮不在，只有月亮妹妹一個人在家。

「月亮妹妹，午安。妳有看到我的惡魔丈夫嗎？」

「我沒有看到他。但我姊姊到處聽，姊姊耳朵很好，聽得到世界所有的祕密。所以，大概知道惡魔的去向。等她回來吧。但在她回來之前，妳得先躲在桌子底下。」

妻子躲在桌子底下，等著月亮姊姊回來。沒過多久，月亮回來了。妹妹還沒問，月亮姊姊就說：

「別打招呼了，也不用問了，躲在桌子下的惡魔妻子啊，妳的丈夫在地面上。他在一個老男人的家周圍晃來晃去，那個老男人曾經把他最小的女兒嫁給惡魔。」

惡魔妻子從桌子底下出來，靜靜地說：

「謝謝，我這就去見我丈夫。」

妻子回到她父親的家，果然見到了惡魔丈夫。他似乎沒什麼精神，在房子的周圍遊蕩著，口中還一直發出奇怪的呻吟聲。妻子在惡魔面前站著，惡魔呆呆地看著妻子一會兒，才認出妻子。妻子把丈夫接到一旁坐下，等丈夫冷靜一點，才問說：

「你何必離開得那麼急呢？可以先和我說你要去哪啊。如果你要來我父親的家，和我一起來就好了。何必呢？不過，你為什麼要來我父親的家？」

「我會突然離開，也是因為我的刺蝟皮被燒掉了。這張皮一被燒掉，我很多事情就都做不到了。所以我才很生氣地跑到妳的兩個姊姊住的地方來，我想報復她們。」

妻子看著惡魔丈夫這樣，她看著，看著，看著，看著，

（停頓）

然後說：

「這樣吧，我來雇用她們。我這邊有梳理羊毛用的梳毛器，和紡羊毛用的紡車。你就把你整個國家裡面所有的羊毛全都拿來讓她們梳，讓她們紡。全都梳完、紡完，才能離開休息。她們做了這樣的事，遭受這種懲罰還算合理。」

「有道理，就照妳說的做吧。」

惡魔同意之後，就將自己整個王國的羊毛，將近數不清的羊毛全都聚攏了來。兩位姊姊看到那羊毛的量，想著這些羊毛就算弄到世界末日，也弄不完。他們低著頭，大姊拿著梳毛器，二姊坐到紡車旁，準備用整個人生來勞動。她們的妹妹，也就是惡魔的妻子，則和惡魔過著尋常的日子，偶爾來看她們工作得如何。

但那梳毛器是風的梳毛器，梳毛的速度要多快有多快，差不多就是風吹過頭髮的速度，或者更快。那紡車是太陽的紡車，太陽的髮絲有多耀眼，紡出的來的羊毛就有多亮麗，或者更加亮麗。那個速度不是人類的速度，所以完成的

時間，也不需要人的一生。其實不到七天，就差不多快完成了。一球又一球的羊毛線，相當美麗地堆在一旁。

惡魔見狀，突然理解自己的妻子為什麼提出這個建議，於是非常憤怒地用繩子把妻子吊起來，高高地吊起來，準備絞死妻子。妻子還在空中不停掙扎的時候，惡魔看著，看著，看著，看著。

（停頓）

然後把妻子放了下來。惡魔丈夫化為一陣強力的旋風離開了。從此再也看不到他。至於妻子這次也不再追尋惡魔了，她在地面上找了另一個普通的人當丈夫。

說故事的精怪

馬紹爾群島

本故事重述自馬紹爾群島的民間譚。本故事中的「講故事的精怪」，除了在馬紹爾群島外，巴布亞新幾內亞東邊海域的島嶼及其他島嶼，也偶爾會出現這個角色。這神祕的存在能夠講述不停歇的故事，以便將聽眾催眠，之後再將睡著的人吃掉。這個故事中關鍵的母題「運用具有催眠力量的故事或歌謠以帶來睡眠」，在馬紹爾群島流傳的幾種不同的故事文本中，有故事提及：兩個男子在捕魚，卻看見有鷺鷥從西邊的海上飛來，嘴中銜著紅樹林的樹枝。順著鷺鷥飛來的方向，他們發現一座島，島上有個食人的精怪準備吃掉他們。兩個男子說：「我們會帶一個女子來服務你」，就帶了他們的母親來。母親遇到這怪物也不驚慌，開始講起了各種故事，讓怪物睡著，然後母親冷靜地將怪物連同怪物的家一同用火燒毀。「講述故事」對於馬紹爾群島的居民以及諸神來說，是極為重要的娛樂與放鬆活動，正如本故事中所描繪，大家會輪流說故事，說完的人可以任意休息或睡眠。

很久以前，有一座美麗的島嶼盛產各式各樣的水果，只要能到那島上去，就不怕沒東西吃。在這美麗的島嶼旁，是一座狹窄又貧瘠的島，島上沒什麼東西，但住了一堆人。為什麼這堆人不去旁邊那座美麗的島嶼上找東西吃呢？因為據說那美麗的島嶼上住著一隻很麻煩的精怪，沒有人能對付得了他。島上的人只好一直挨餓，每天都在忍耐，眼巴巴地看著隔壁美麗的島嶼上結實纍纍的果樹。

有一次，有戶人家，家中育有六個兄弟。長子最高大，次子第二……最小的兒子則最嬌小，並且還養了一隻貓。長子看著隔壁那座島，不斷地在想：如何才能安全地把食物拿回來。這長子身強體壯，動作靈活，又很會交朋友，不久就召集了一批年輕的男子，準備要去隔壁這座島上冒險，將食物運回島上來。

他們划了好幾艘獨木舟出去，一開始先繞行隔壁那座島，並且注意到有充滿礁石的岩岸，以及和緩的沙岸。沙岸雖然看起來安全，卻有相當驚人的大浪。相反的，岩岸看起來很危險，這位長子卻判斷這岩岸才適合停靠獨木舟並且登陸。正當他們準備要登陸時，岩岸上站著一位和藹可親的人，對著這群年輕人大叫說：

「這邊很危險！船很容易翻覆！去沙岸，去沙岸！我會帶你們停靠獨木舟！」

由於那人看起來很好，聽起來聲音也很好，長子與其他男子就想：這是可以相信的人。於是就按照指示，前往沙岸停靠。當他們停靠獨木舟的時候，那人說：

「過來！過來！過來！」

突然，一陣非常巨大的浪朝著那幾艘獨木舟砸了下來，人雖然沒事，但獨木舟多半都斷了或壞了。這些男子正在想應該要怎麼辦的時候，那人就說：

「等一下來修吧，先吃東西，你們划船划一陣子，一定餓了吧！來吧！來吃東西！現在天色暗了，要修獨木舟也不好修，明早修好了，我再幫你們拿食物過來裝到舟內吧！」

男子們覺得有道理，就跟著這個人走到了一間漂亮的屋子，裡面已經擺好了各式各樣的水果，放了好多的魚。那屋子非常的寬廣，即使男子們全都坐進去，也還有很多的空間。那人安排男子們從北到南依序坐好，大家開始盡情地吃東西。吃飽了之後，那人就說：

「吃飽飯，太陽也下山了，這正是說故事的好時間。」

「是啊是啊！」

楊雨樵 生成

「我最喜歡聽故事了！你願意先幫我們起個頭，講第一個故事嗎？」

坐在最北邊的男子被點到，於是他就大方地開始說了一個故事。然後是第二個男子講第二個故事，然後第三個男子講第三個故事……，等到大家聽了十幾個故事之後，終於輪到這屋子的主人講故事了。從前從前，這樣那樣，許多的人物來來去去，高潮迭起，但又相當舒緩。那人的聲音非常好聽，講的故事十分精彩，而且真的很長，很長，很長，很長，很長。那人講到某處，發現所有年輕的男子都睡著了，有些在打鼾，有些在翻身。於是這人就拿出刀子和石頭，一個一個將男子殺了，並且像吃水果一樣，把一個一個男子吃掉，吃得乾乾淨淨。吃完，這人的聲音變得更好聽了。

島上的人等了一天，等了兩天，等了三天，等了好幾天，就是等不到這群男子划船回來。尤其是那長子的弟弟，特別擔心哥哥的安危，於是他也找了幾個與他同年紀的男子。由於擔心的人很多，所以這次划船出去的男子也特別多。他們到了岩岸準備停靠時，那位和藹可親的人出現了，說要停到沙岸去。大家把獨木舟停到沙岸，舟就被大浪打壞。這一大群男子走到那人的屋子裡，從北到南依序坐好，盡情吃喝。吃飽飯後，從北邊第一個男子開始講故事，最後輪到了屋子的主人講故事，從前從前，這樣那樣，許多的人物來來去去，高潮迭起，但又相當舒緩。那人的聲音非常好聽，講的故事十分精彩，而且真的很長，很長，很長，很長，很長。講到一半，所有在場的男子都睡著了，除了鼾聲外，有些還在夢裡說話。那人就拿起刀子和石頭，將現場所有的男子都殺了，好像一個人在過宴會一樣，把所有的男子吃光。之後，這人的聲音又更好聽了。

等了一天，等了兩天，等了三天，等了好幾天，第二批男子也沒有回來。如果這群人都遇到了什麼災難或意外，死在海中，那對於島上是不得了的損失，他們都是年輕力壯的男子。現在，島上還有比較年幼的男子，年長的男子，以及一大群活力充沛的女子。他們開始思考，如果要知道這群男子的下落，又要把食物從隔壁的島上帶回來，應該要做更多的準備。於是他們找了島上最會做獨木舟的老人，請他做出好幾艘特別堅固的船。他們在想，先前的人做過的事情，一定不要再做，也許就能避開一些危險。此外，先前提到的某戶人家的六兄弟，最小的兒子養了一隻貓，他想說，貓在晚上也看得很清楚，一起帶去也好。他很想念他的哥哥們，他想知道哥哥到底去了哪裡，發生了什麼事。

就這樣，一大群充滿活力的女子，帶著年幼的男子和年長的男子，乘坐特別堅固又靈活的獨木舟，往隔壁那座島上前進，他們一路划船划到了岩岸，正在思考這裡是否適合登陸的時候，岩岸上有個和藹可親的人說：

「這裡很危險，不要停這裡，去停沙岸，去停沙岸，跟我走！」

但這群女子說：

「不要理這個人，我們想停哪就停哪！」

這群女子靈活地將獨木舟划進岩岸，發現岩岸的海水很平靜，很適合停靠獨木舟，就紛紛將獨木舟停好，全都上岸去。

那和藹可親的人就走過來說：

「你們應該累了吧，明天我再幫忙你們把食物搬到獨木舟裡，今天先來我這裡休息吧！」

這群女子就彼此講述說：

「我們做我們的，我們根本不認識這個人。」

於是女子、年幼的男子和年長的男子就開始採摘水果，把食物搬到獨木舟上。而那個和藹可親的人，也只是笑著站在旁邊，看著他們搬運食物。等到他們把獨木舟都裝滿了，這個人又說：

「來我這休息吧。現在天色暗了，要從岩岸划船出去也很危險。」

女子就彼此討論說：

「現在真的暗了，而且我們想知道男子們到底跑去哪裡，也許這些男子都在島內。」

於是大家決定跟著他去到小屋，看見了許多食物和魚，就各自拿了，並且吃了起來。大部分的人都吃飽之後，那人就說：

「吃飽飯了，太陽也下山了，正是說故事的好時間。」

女孩們就紛紛說：

「那我有很多故事想講，我先來講。」

於是女孩們各自講了起來，並沒有按照順序，那人一直等待，等到最後女孩們差不多都想睡了，才開始講起故事。沒講多久，女子們就全都睡著了。原本那人準備起身要拿刀子和石頭，但這時，一對眼睛看著自己。那是一對十分圓，亮綠色的眼睛。這人就想，那是一個還沒有睡的小孩，於是又繼續講起故事。

當故事講了一堆人物，一堆情節，講了好長一段之後，那對綠色的眼睛已經消失了。於是講故事的人又站了起來，準備要拿刀子和石頭，突然那對亮綠色的、像水面反光的眼睛，或是像水母的眼睛，又再度盯著自己。那人就想：

「奇怪，這人怎麼一直醒著，那我再繼續講故事。」

但是，不管故事怎麼講，只要這人一起身，那對亮綠色的眼睛就會盯著自己。不久之後，天亮了，所有女子都已經起身。這人才終於發現，那對亮綠色的眼睛，來自一隻貓，整夜蹲在一個小男孩頭上，看著自己。此時，所有的女子、年幼的孩子和年長的男子都圍了過來，問這個講故事的人：

「有沒有看到我們的哥哥？」

「有沒有看到我們的兒子？」

「有沒有看到我們的丈夫？」

但那個人並沒有回答問題，講了一些別的事情。其中有幾個女子就衝了上去，要把那人抓住。那人也非常激烈地反抗。打，打，打，打，打，他們朝向海岸打，他們朝向礁岩打，幾個女子和那位陌生人扭打成一團，並且都試圖把對方的頭往礁岩上砸下去。他們翻轉又翻轉，抓住又壓制，好幾次之後，一位女子用力地將對方的頭往礁岩上砸下去，一下，兩下，三下，直到那人的頭完全碎了，沒辦法發出聲音了，幾個女子才停下來。

他們知道他們的哥哥、兒子和丈夫可能都被殺死了，他們默默地將食物用獨木舟運回島上去。但是從此之後，他們不用再忍耐，不用再挨餓，他們可以自由地來到島上找水果吃，捕魚吃。這故事就到這裡結束了。

水精與學徒

亞美尼亞

本故事重述自亞美尼亞民間譚。此故事屬於類型ATU325「魔法師與他的學徒」，此類型幾乎遍及全球各地，不僅版本與異文數量驚人，其中包含的母題——例如「師徒間的變形對決」——也影響了後世數以千計的奇幻文學、漫畫、動畫與電影。變形對決為一古老的母題，北非諸神話、南亞諸神話、斯堪地那維亞諸神話與東亞諸神話等，都可見到此母題的蹤影。本故事的其他母題，例如「從動物中辨認出特定的人」，除了昔日的故事群之外，也在不少現代的敘事作品中出現，例如宮崎駿的《神隱少女》。在本類型的諸多異文中，許多角色能成功地從動物中辨認出親人或愛人，而在另一些異文中，也有些角色多次認不出自己的親人。有趣的是，這些差異，倒未必會對故事後半變形對決的勝負造成關鍵影響。本故事類型諸多的異文裡，亞美尼亞與亞賽拜然的版本，充滿了非常多有趣且閃現智慧的幽默對白，故特別選錄於本書中。

那兒有，那兒沒有，就有一對年輕的夫妻，生了一個小孩。原本這家人過著普普通通的生活，既不富裕，也不貧窮。直到有一天發生了旱災，田裡面什麼農作物都長不出來，於是妻子就說：

「把我們的孩子送去大城市裡，看看當誰的學徒吧，早點讓他出去學一技之長賺錢。不然家裡飯不夠吃了。」

丈夫捨不得把那麼年幼的孩子送去當學徒，但看看家裡的食物所剩無幾，別無選擇，只好硬著頭皮，把小孩帶出門去。他們走了好一段時間，離大城市還有些距離。途中經過一座池塘，父親覺得口渴，就走到池塘邊，蹲下來掬水喝了幾口，說了聲：

「啊呀！真好喝！」[1]

結果沒一會兒，水面泡出了許多泡泡，突然有個生著一張怪臉長著一副怪身體的水精，從水中跳出來且說：

「你叫我幹嘛？你是誰啊？」

父親覺得莫名其妙，就反問他說：

「那你又是誰啊？」

1 這邊的「啊呀」，亞美尼亞文為「օխա՛յ」，用以表達愉悅、讚嘆、驚訝的語氣，但同時也是後文水精的名字。

「我就是『啊呀』。」

「這樣的話，那我就是『哇喔』。」

「哇喔，你來這做什麼？」

「啊呀，我正準備要送我兒子去大城當學徒，學個一技之長，早點賺錢。」

「啊呀我啊，恰恰好是魔法的專家，你就讓兒子來我這學魔法吧！」

「哇喔！這真是太好了！」

「告訴你，學魔法很難，要好幾年。」

「沒關係，反正家裡快沒東西吃了，少一張嘴很好。」

丈夫回家去之後，和妻子兩人過了一段節衣縮食的生活。但再怎麼縮節，不多的食物總是有吃完的一天。這位丈夫又被妻子派到池塘邊，來和水精商量該怎麼辦。丈夫在池塘邊喝了口水，且說：

「啊呀！」

水精就冒出頭來：

「什麼事啊？」

「我和妻子都很餓。」

「關我什麼事？」

眼看水精就要退回水中，丈夫急忙說：

「等等，你想想嘛，我兒子在你那邊學魔法，好不容易學完了回家來的時候，家裡只有兩具餓死的屍體，這樣說不過去吧？」

水精盯著這丈夫看了一陣子，就回到水中去，丈夫就在池塘邊等了一陣子。

（停頓）

不久水精又浮了出來，手上拿著一條桌巾，且說：

「把這條桌巾拿回去鋪在桌上，要吃什麼它就會給你什麼，但關於這桌巾的事，我勸你們最好別張揚。」

水精說完就回水中去了。丈夫拿著這桌巾回家，半信半疑地鋪開在餐桌上，且說：

「我要吃羊肉、茄子和蘭姆酒。」

話才說完，桌上就有了羊肉、茄子和蘭姆酒，同時也配好了餐具。

這對夫妻靠著這條桌巾，過了好一陣子不愁吃的生活。就有這麼一天，這妻子就和丈夫說：

「我想邀總督的妻子和她那群朋友來我們家作客。」

「最好不要，桌巾會被偷走的。」

「誰會注意到這條桌巾呢，這外表看起來很普通。」

「大家都有眼睛吶，別邀請比較好。」

隔天，妻子在市場裡巧遇總督的妻子，就邀請對方來家裡作客，順便也邀了其他有頭有臉的人。總督的妻子半信半疑地想說，從這女人的穿著看起來，似乎沒什麼了不起的地方，為什麼還特地來邀我去吃飯呢？

到了約好的那天，總督的妻子太驚訝了，不只是平常那些很少吃到的東西，連從來沒吃過的東西，也都一樣一樣地端了出來。總督的妻子開始仔細看，仔細看。她很快就注意到，廚房根本沒有火在燒，沒有煙在竄，表示根本沒人在烹調食物。她又繼續看，繼續看，發現有一條鋪在餐桌上的桌巾，那桌巾樣式雖然普通，上面卻會突然出現好幾道菜餚，好幾瓶酒，吃完了又有，喝完了又有。總督的妻子發現此事，立刻叫僕人偷偷把那條桌巾，用另一條相似花紋的東西換掉，並偷偷帶回家去。

等到宴席結束，這對夫妻倆睡前想坐下來喝杯小酒，休息一下時，不管怎麼對著桌巾說「酒！給我酒！」，那桌巾也沒有任何反應，畢竟真正的桌巾已經被調包了。丈夫沒好氣地說：

「妳看吧，桌巾被偷了。」

妻子更沒好氣地回：

「與其怪我，不如快去池塘找水精想辦法。」

丈夫沒辦法，只好再度到池塘邊，喝了口水，並且說：

「啊呀！」

水精冒出頭來，且說：

「桌巾被偷走了？」

「你怎麼知道？」

「人總是重複發生同樣的事。」

「那我要怎麼辦？」

水精再度盯著這丈夫看了一陣子，就回到水中去。丈夫又在池塘邊等了一陣子。

（停頓）

不久水精浮了出來，手上提著一顆相當大的南瓜，並且對丈夫說：

「把這顆南瓜帶回去，整顆南瓜烤得香噴噴，接著把蒂頭切開，把香噴噴的南瓜子拿出來撒，撒一把就一隊士兵，撒兩把就兩隊。若想把士兵收回來，就說『回南瓜來』。這樣你就知道怎麼辦了吧？」

丈夫將那顆大南瓜抱回家，烤得香噴噴，然後抱著南瓜跑到總督家門口，大喊：

「把桌巾還來！把桌巾還來！」

這丈夫一直喊著，總督聽到了覺得奇怪，就問妻子說：

「為什麼門外有個人在那邊喊『把桌巾還來』？」

那位妻子裝傻說：

「我怎麼會知道？」

丈夫喊了半天，卻得不到任何回應。於是他拿出隨身帶著的小刀，切開了南瓜蒂頭，把香噴噴的南瓜子拿出來撒，撒了好幾把，變出一隊又一隊的士兵。那丈夫一聲令下：

「奪回桌巾！衝啊！」

所有香噴噴的士兵就衝了進去，所到之處全都香噴噴。大門也香噴噴，屋頂也香噴噴，臥室也香噴噴，廁所也香噴噴。妻子受不了家裡到處是南瓜的味道，就老實地將桌巾拿了出來，請僕人還給那位丈夫。丈夫取回了桌巾，大喊一聲「回南瓜來吧！」於是成千的南瓜子士兵就紛紛撤回來，一個一個爬進拿瓜裡。

現在丈夫拿到桌巾了，南瓜則掛到牆角，和妻子過了七年不愁吃的日子。七年之後，他們想起來兒子去學魔法的事。妻子說：

「過了這麼多年，他應該學完了吧？」

「我怎麼會知道？」

「我的意思就是叫你去問水精。」

丈夫只好又跑去池塘邊，喝了口水說：

「啊呀！」

水精就探出頭來說：

「什麼事啊？」

「我兒子魔法學完了吧？」

「我不知道欸，沒注意。」

「啊呀，去幫我看看！若他學完了，就帶他回來吧！」

「哇喔，我是你的僕人嗎？」

在水精離開水底的家時，水精的女兒趁機跑去和那兒子說話。那兒子天資十分聰穎，他已經學會了所有的魔法，不但能夠在水中變成各式各樣的動物，還能變出火，變出寶石，變出花。水精的女兒和他說：

「看起來你都學會了。」

「是嗎？」

「這件事可不能讓我爸知道。」

「為什麼？」

「看看周圍，我爸住的地方，全都是用從以前到現在所有魔法學徒的頭顱蓋成的，你看這裡，這裡，還有這裡。」

那兒子仔細看，才發現確實所有的牆壁、柱子、地板，都是一顆顆的頭顱。上面長了水草，有魚在眼窩裡游。

「那我該怎麼辦？」

「如果等一下我爸問你，你學會了魔法沒，你一定要說『沒有』。不管他怎麼問，你都要說『沒有』。他會先罵你，然後笑你，接著你就自由了。」

「我知道了。」

不久，一條巨大且帶有尖嘴的梭子魚游了回來，轉瞬間變回了水精，他開口問那位男孩：

「你學會哪些魔法了？」

「沒有，我什麼都沒學會。」

「什麼！花了七年什麼都沒學會！這樣不就白教了嗎！」

不管水精怎麼罵他，那男孩都沒有反應。

「你真的什麼都沒學會？」

「沒有，什麼都沒學會。」

「哈哈哈哈哈哈哈哈，人類的小孩真愚蠢，連個變形都學不會！」

水精又嘲笑了他一番，但男孩還是沒有反應。

「好吧，既然教不動你，那就算了。你父親在池塘邊等你。他一定很失望，你待在這邊七年，什麼都沒學會。」

於是男孩離開，走了幾步，遠遠地和水精的女兒道別。

池塘邊的父親，在池塘邊等著，等著，等了半天，水面都沒任何影子。但不知道什麼時候，身邊多了一匹俊俏的黑馬。那黑馬嘶鳴了一陣，又突然以風的速度跑遠了。這父親想著「多美的一匹馬啊！」然後繼續等著兒子。

不久又不知道從哪裡蹦來一隻兔子，看起來十分肥美，但這父親什麼狩獵的工具都沒帶，只能呆呆看著那兔子東跳西跳。不久又出現一隻羊，接著又出現一隻鳥，然後是一隻螞蟻，最後又是那匹俊俏的黑馬。那黑馬突然開口說：

「爸爸，是我啊！」

那父親嚇了一跳，仔細一看，一位少年站在自己眼前，正是自己的兒子。兒子說：

「我在你面前變成那麼多種動物，想讓你注意我，結果你都沒認出我來。」

「這就是魔法嗎？這魔法真厲害！」

「爸爸，我和你說，我們可以用這變身魔法賺錢。」

「喔？要怎麼做呢？」

「很簡單，我先變成一匹黑馬，你牽著我到市場去賣。賣完了，拿到錢，我晚上變回螞蟻溜回來就好。但是爸爸，你要注意，千萬不要讓人給我套上韁繩，這樣我就變不成其他東西了。」

「好，我知道了。」

隔天，那父親就牽著一匹黑馬到市場賣，由於那黑馬毛色亮麗，鬃毛蓬鬆滑順，腿腹飽滿，立刻就賣了個好價錢。晚上那黑馬就變成了黑螞蟻，趁著黑夜回來家裡和父母吃飯。隔天再賣，再隔天也賣。但這種事畢竟不是好事，「買了黑馬不久就消失」的消息，立刻就在人群間傳開了，傳著傳著傳著，傳到了水精耳裡。那水精就想：

「這聽起來就是我教那個人類兒子的變形魔法，因為以前從來沒有人學完魔法還能從我這離開。」

於是隔天，這水精就變形成一位從大城來的紳士，來到了賣黑馬的人面前。

「我要買這匹黑馬。」

「這要五十枚金幣。」

「很便宜。但因為我想要立刻就騎，可否幫我配上一套韁繩和馬鞍？」

「先生，這恐怕不方便。」

「我給你五百枚金幣，幫我配上一套韁繩和馬鞍。」

這位父親一下子被太多的錢動搖了，想說既然兒子的魔法那麼厲害，套個韁繩也能平安回來吧。就答應了那位紳士，將韁繩和馬鞍套了上去。紳士騎上這馬，那位變成黑馬兒子一時間無法變回人類，只能乖乖任由這紳士騎著，騎回水底的水精住處。

那紳士變回了水精的模樣，將韁繩綁在一顆巨大的岩石上，然後就回到家裡去，準備等一下把這匹黑馬的頭給砍下來。就在這時，水精的女兒偷偷跑過來，迅速地把韁繩和馬鞍卸下，黑馬立刻變回男孩的模樣。女孩和他說：

「快！快走！」

男孩就變成了一條鯽魚，朝著池塘連接河川的地方拚命游去。但那魚鰭的擺動引起了水的震盪，那震盪很快傳到了水精這裡。水精立刻變成一條兇猛的梭子魚，緊緊地跟著鯽魚。

鯽魚眼看情勢不對，就竄出水面變成一隻麻雀在前面飛，梭子魚見狀，立刻跳出水面變成一隻老鷹在後面追。麻雀飛飛飛，老鷹追追追。麻雀飛到一處，看見有一戶富有的人家正在廣大的庭院裡辦著婚宴，於是立刻衝下去，到了婚宴的桌上，變成了一朵插在瓶中的玫瑰花。老鷹不慌不忙，斂起雙翼往地面俯衝，碰到地面的瞬間變成了一位手拿薩

右圖：楊雨樵 生成

茲琴的吟遊詩人[2]。這吟遊詩人一邊唱著敘事詩，一邊在人群中間穿梭，並在詩句的中間，伸手將玫瑰花掐起。玫瑰花瓣散落一地，每一片花瓣變成了一百顆麥粒；吟遊詩人瞬間變母雞，在地上到處啄麥粒。當母雞專心地啄著，一粒躲在客人鞋子縫隙裡的麥子變成了狐狸，衝上來咬斷了母雞的脖子。就這樣，學徒殺死了水精師父，這男孩就在那婚宴裡，找個位置坐了下來，和大家一起同歡。

天上掉下來三顆蘋果，一顆給講故事的人，一顆給聽故事的人，還有一顆給世界上其他的人，願大家喜樂。

2 此處的吟遊詩人，指的是亞美尼亞的「աշուղ」，這些民間的吟遊詩人經常會到處遊走，在各種日常空間或宴會中，演出英雄敘事詩、情歌、政治諷喻歌、道德教訓寓言歌等等。這些詩人手上經常會拿著樂器，例如本文提到的薩茲琴（Սազ）。亞美尼亞的薩茲琴具有梨形音箱與長長的琴頸，並有六或八根弦，可演奏相當豐富的音階與和弦。這些一邊彈奏薩茲琴一邊吟唱的詩人，除了能夠演唱古代口傳的文本之外，也經常能進行即興演出。

蛇郎君

台灣

重述自台灣屏東的民間譚。本故事於丁乃通的分析中，歸於433D「蛇郎」[1]，胡萬川與金榮華的分類繼承此部分，將與此故事類似的文本，歸於類型433D「蛇郎君」[2]。本故事為筆者幼年於屏東所聽到的版本，有些地方與曾刊行的民間文學集十分相近，例如母題「假新娘／被換掉的新娘」，以及下聘時的大隊人馬化為蛇在庭院裡休息等等。有些情節則似乎帶有一些地方色彩與當時講述者的發想。在筆者幼時聽過的蛇郎君故事中，女主角的屍首第二次變形而成的竹子，在被製作成竹椅後又遭毀壞燒掉的情節，除了有變成紅龜粿的版本之外，也有變成發糕或年糕的異文。本故事與歸於類型433B的朝鮮半島「蛇新郎（구렁덩덩 신선비）」故事群，以及歸於類型433A的日本「蛇聟入（へびむこいり）」的故事群，歷來有相當多的比較分析與研究。在歐亞大陸的諸多地區，亦有相近的故事類型。

從前有個叫阿才的人，年輕的時候很肯幹活，雖然貧窮，但也慢慢有了一些錢，討了個老婆，生了三個女兒，全家人在堤防那附近過著平靜的生活。但好事總是不長久，老婆在女兒還小的時候就生病過世了，阿才也不願意再娶第二個老婆，一個人加倍努力，把三個女兒撫養長大。

阿才平常喜歡種花，在自己的院子裡種了不少花，其中就有幾叢野薑花，晚上都會傳來一陣陣的香氣，他們全家人都很喜歡。有一天，阿才工作完回家的時候，突然嗅到一陣野薑花的香氣。那香氣比平常的野薑花還要香，阿才覺得很難得，就順著香氣去看看是哪裡的野薑花，如果是野生的，切個幾枝帶回家給女兒也不錯。

循著香氣走，走，走，走到一處，恰好有個小小的溝渠，溝渠中的水清澈見底，還有魚在游。溝渠兩旁，就有數十叢野薑花，又潔白，又芬芳，那香味，真的不是阿才家裡能比的。阿才忍不住，拿出小剪刀，挑選一下，切了一枝，又挑選一下，切了兩枝，又挑選一下，切下第三枝的時候……

1 丁乃通著；鄭建威等譯。(1984)。中國民間故事類型索引。湖北：華中師範大學出版社。頁84-89。

2 胡萬川。(2008)。台灣民間故事類型: 含母題索引/ 胡萬川編著。臺北市：里仁。頁67-74。金榮華。(2014)。民間故事類型索引（增訂本）。新北市：中國口傳文學學會。頁334–337。

「你在這幹嘛？為什麼切我的花？」

阿才嚇了一跳，剪刀和切下的花都掉在地上。對方的眼睛在昏暗的天色裡，顯得有點恐怖。阿才是個老實人，一時之間不知道該怎麼說，就支支吾吾地回答：

「我，我是住在附近的，我叫阿才。我也有種很多野薑花，然後我剛剛經過這附近，突然嗅到好香好香的野薑花，就循著香味過來，我……我不知道這是你的花，很對不起，對不起！」

「說對不起就沒事了嗎？這些野薑花，是我花了很多心血照顧的，被你這樣切下來……你看，這些花多可憐啊！」

「對不起，對不起，對不起……」

「你住哪？」

「我……我就住在那個堤防旁邊，我有三個女兒，但沒什麼錢……」

對方在昏暗的天色中，變出像蛇一樣的眼睛和舌，整張臉頰和脖子鼓起來，張開大口說：

「這樣吧，你把一個女兒嫁給我，我就不和你計較。但要是你拒絕，我就一口把你的頭咬下來，埋在野薑花下。」

說完，對方變回了一個男人的樣子，走入野薑花叢就不見了。阿才嚇得不知道該怎麼辦，剪刀也沒拿，就一邊發抖，一邊慢慢走回家，途中被周圍的樹影、草影嚇了好幾跳。一回到家，三個女兒早就已經把飯菜都煮好了，放在桌上，等阿才回來。大女兒說：

「爸，你怎麼今天這麼晚？」

二女兒說：

「湯都涼了。」

三女兒說：

「爸，先這裡坐，喝杯茶，你看起來怪怪的，怎麼了？」

阿才不知道怎麼說，飯也沒吃幾口，就早早回房間去了。隔天清早，大女兒在灶房生火煮飯，轉頭一看，發現父親佇在門口，嚇了一跳，就說：

「爸，你怎麼像鬼一樣站在那啦！」

「我有話要和妳說……我昨天回家的途中，聞到很香的野薑花，就順著香味走，走到一個地方，地上有溝渠，溝中的水很清澈，還有魚在游。溝渠兩邊，都是很美很美的野薑花，我想切幾枝回來給妳和妹妹，切了三枝，結果有個男人出來罵我說我切他的花，要我把一個女兒嫁給他。」

「幹嘛跟我講這個？」

「要是我不把女兒嫁給他，他就要一口把我的頭咬下。他整張臉頰和脖子鼓起來，好像飯匙倩[3] 那樣……女兒求妳啦，嫁給他吧……」

「你頭去給他咬啦，我才不要嫁。」

到了中午，二女兒坐在院子裡休息，突然覺得有誰在旁邊，轉頭一看，發現父親靜靜地站在自己背後，嚇了一跳，就說：

「爸，你怎麼像鬼一樣站在那啦！」

「我有話要和妳說……我昨天回家的途中，聞到很香的野薑花，就順著香味走，走到一個地方，地上有溝渠，溝中的水很清澈，還有魚在游。溝渠兩邊，都是很美很美的野薑花，我想切幾枝回來給妳和姊妹，結果切了三枝，有個男人出來罵我說我切他的花，要我把一個女兒嫁給他。」

「你該不會是要我嫁吧？」

「要是我不把女兒嫁給他，我的頭就會被他咬下來啦。他整張臉頰和脖子像傘那樣鼓起來……女兒求妳啦，嫁給他吧……」

「你頭去給他咬啦，我才不要嫁。」

到了下午，三女兒正在洗衣服，搓啊洗啊搓啊洗啊，在洗衣板上擦啦啦啦啦，擦啦啦啦啦。搓到一半，三女兒覺得好像有誰在旁邊，轉頭一看，發現父親靜靜站在自己背後，嚇了一跳，就說：

---

3 在屏東田間，偶爾可看見被稱為飯匙倩，或作飯匙銃（png-sî-tshìng）的眼鏡蛇。

「爸，你怎麼了？」

「我有話要和妳說……我昨天回家的途中，聞到很香的野薑花，就順著香味走，走到一個地方，地上有溝渠，溝中的水很清澈，還有魚在游。溝渠兩邊，都是很美很美的野薑花，我想切幾枝回來給妳和姊姊，結果切了三枝，有個男人出來罵我說我切他的花，要我把一個女兒嫁給他。」

「這樣……」

「要是不把女兒嫁他，我的頭就會被他咬下來……」

「爸，我知道了，我就嫁吧。」

阿才聽到三女兒願意嫁，又傷心又高興，不知道這是什麼樣的心情。他走到溝渠旁的野薑花叢那邊，和野薑花的主人說我的三女兒願意嫁。那人一聽，臉色突然變得很好看，就說：

「這樣變成一樁喜事也不錯，我過幾天會找人帶檳榔去提親。」

阿才現在仔細看，才發現這野薑花主人不但臉孔清秀，身體結實又高大，穿的衣服都是很好的料，是不是城市來的人？還是哪個大戶人家的子弟？但阿才也不敢問。

過了幾天，有一隻土蜂提了一籃檳榔來，一邊哼哼哼地飛，一邊飛到灶房去，和大女兒說：

「我們家主人要我拿檳榔來提親，是妳嗎，是妳要嫁給我家主人嗎？」

「去去去，走開！不走我就拿湯勺打死你！」

土蜂輕巧地避開了湯勺，哼哼哼地飛，飛到庭院去，和二女兒說：

「我們家主人要我拿檳榔來提親，是妳嗎，是妳要嫁給我家主人嗎？」

「去去去，走開！不走我就拿竹掃把拍死你！」

土蜂靈活地避開了竹掃把，哼哼哼地飛，飛到後院去，和三女兒說：

「我們家主人要我拿檳榔來提親，是妳嗎，是妳要嫁給我家主人嗎？」

「哇！這檳榔好美，和你主人說，謝謝他的檳榔，我收下了！」

土蜂哼哼哼地飛回去，和野薑花的主人說，大女兒用湯勺趕牠，二女兒用竹掃把揮牠，三女兒把檳榔收下了。那主人問土蜂：

「大女兒長什麼樣子？」

「長得橡木桶，又圓又寬。」

「二女兒長什麼樣子？」

「長得像掃帚，又瘦又皺。」

「三女兒長什麼樣子？」

「三女兒長得比主人的野薑花更美。」

野薑花主人很滿意，選了個日子，準備帶一大隊人馬去下聘。在出發的前夜，那邊下了雨，起了風，把整個道路洗得乾乾淨淨，樹葉都是亮的，草都沒有灰塵。野薑花的主人帶著二十幾個人，三十幾個人，土蜂在前面哼哼哼地飛著，禮物在後面咿呀咿呀地晃著，好大的陣仗，來到了阿才的家裡。等到儀式全都結束了，迎親的日子也定好之後，天色便很晚了。阿才想說是不是應該留他們下來休息一晚，隔天早上再走。可是阿才的家很小，不可能住得下二十個人、三十個人。阿才正在傷腦筋的時候，野薑花的主人就說：

「你不用準備床，我覺得你家院子不錯，附近有水，有樹，有竹子，這樣可以了。」

阿才不太懂這話是什麼意思，但也不敢多問。後來半夜，阿才起來上廁所，才發現整個院子裡的樹上、竹子上，以及附近水溝旁的草叢裡，都是一條又一條的蛇，有些看起來是飯匙倩，有些是青竹絲，有些不知道是什麼名。阿才什麼聲音都不敢發出來，踮著腳回房裡去了。但阿才不知道，三女兒其實也在窗邊偷看，她看見其中一條睡在溝邊草叢內的飯匙倩，一直看著，一直看著，覺得那蛇實在很美。

下聘隔天清早，野薑花主人和其他人就暫時回家去。不久後野薑花主人來迎親，三女兒就這樣嫁到了野薑花主人那裡去。先前阿才被那主人嚇個半死，沒注意到野薑花主人住的房子長什麼樣子。現在三女兒嫁過去，才發現野薑花主人住的地方非常美麗，半間屋子在水上，半間屋子在陸上，裡面充滿了各種叫不出名字的東西，桌椅、碗櫃、餐具、床全都亮晶晶的。吃的東西，也都是人家說官員才能吃的東西。連上廁所擦屁股的，也不是用竹子或黃麻做的屎篦，而是有鐵的、銅的，銀的。三女兒用不習慣，還叫人去幫忙找黃麻的屎篦來用。三女兒既不用洗衣，也不用做任何家事，日子過得非常舒適。

過了一陣子，阿才的大女兒和二女兒很好奇，嫁給一個這樣來路不明的人，是會過怎樣的生活？據說下聘那天，來的人全都是大蛇小蛇，這樣的話，小妹不是就住在蛇窩裡？她們實在太好奇了，就在一天晚上，她們偷偷地出門去，循著野薑花的香氣，跨過了溝渠，來到了小妹嫁過去的地方。在香氣和流水聲中間，大姊和二姊聽見了女子的笑聲和歌聲，她們循著聲音的方向，來到一扇窗戶外。兩個人從窗戶的縫隙看進去，發現不得了，那個野薑花主人，長相實在很好看，而且全身上下，要粗的很粗，要直的很直，要鼓的很鼓，三女兒在野薑花主人懷裡，又笑又唱，好像春天的麻雀一樣。兩個人看了，心裡非常不是滋味，一心想著要把三妹害死。

就有這麼一天，大姊和二姊來作客，野薑花主人的妻子就在家裡招呼他們，泡了茶，準備了茶點。兩位客人說，想在庭院裡看看野薑花和其他的花，妻子沒多想，就帶他們去庭院裡走走。大姊和二姊趁著四下無人，一個人拿石頭，一個人拿刀子，就把小妹給殺死了。她們把小妹身上所有的裝飾品、衣服、鞋子都脫下來，為了怕血跡沾到野薑花，還用溝渠裡的水把屍體洗乾淨，切成好幾塊，丟到附近河裡的深處。這時，二姊就想說，大姊長得橡木桶，又圓又寬，不可能扮成小妹，自己雖然長得像掃帚，好歹瘦一點，只要用粉把臉抹平，看起來就會像小妹了。於是她們商量了之後，二姊就穿上小妹的衣服和鞋子，戴上小妹的髮簪，撲了好幾層的粉，裝作是小妹的樣子進屋去了。

只要不是瞎子，都知道眼前的人是別的人。野薑花主人知道眼前這個人不是自己的妻子，但他沒有多說什麼，只是晚上不太抱這假扮的妻子，有時還藉故不回房裡睡。有一天早上，野薑花主人在庭院裡照顧花，突然有一隻小鳥就飛了過來，在旁邊嘰嘰喳喳地唱歌，好像在說什麼話。野薑花主人覺得很奇怪，就仔細聽小鳥在唱什麼，牠似乎是唱著：「穿我的衫，穿我的鞋，戴我的髮簪，睡我的床。」野薑花主人就將鳥捧了過來，放在籠子裡，掛在書房的樑上，聽這鳥唱歌。這二姊假扮的妻子聽到「穿我的衫，穿我的鞋，戴我的髮簪，睡我的床」，覺得很不是滋味，就趁著野薑花主人不在，把鳥從籠子裡抓出來掐死，隨便埋在庭院裡。

結果沒過兩天，埋著鳥屍的地方長出來一叢竹子，又綠又韌，野薑花主人覺得那竹子很好，就叫工匠把它做成了一張十分穩固的椅子，好讓他可以坐在庭院裡欣賞自己的花。但是只有野薑花主人坐的時候，椅子才穩固。假扮妻子的二姊一坐下去，椅子就散了，竹子尖還戳傷了二姊的屁股。二姊一怒之下，拿柴刀把這椅子砍成好幾段，拿到灶房裡面去燒。燒著，燒著，燒著，原本在灶房裡面忙著煮飯的阿婆，想說怎麼燒火的地方傳出了炊粿的香味，結果仔細一看，發現竟然有一塊紅龜粿在裡面，只是這紅龜粿上面沒有龜印。一塊粿就這樣躺在那裡。阿婆想說，如果是一大堆，那可能是要拿來招待客人的。只有一塊，那就自己收著，帶回家自己吃吧。

晚上阿婆回到自己住處，隨意泡了壺茶，從懷裡取出了粿，一口咬下去，只聽見「疼啊」的叫聲。阿婆嚇了一跳，仔細看了一下這紅龜粿，沒看到什麼奇怪的東西，又咬一次，又聽見「好疼啊」的叫聲。阿婆覺得奇怪，就沒有繼續吃，把粿放在床邊，就睡了。隔天早上起來，阿婆突然發現怎麼身邊多了個女孩子，全身沒穿衣服，身上還有兩處齒印。阿婆把那女孩搖醒，問說：

「妳是誰？妳怎麼會在這裡？」

「我是阿才的小女兒，剛嫁過來不久。」

「啊對啦，我就想說好像在哪裡看過妳！但妳怎麼會變成一塊紅龜粿？」

小妹就把事情一五一十地和阿婆說，阿婆聽了覺得很心疼，就把她留下來，再看看要怎麼辦。每天阿婆去野薑花主人那邊忙著煮飯，小妹就留在阿婆家做點家事。過了一陣子之後，有天早上不知道為什麼，野薑花主人看到阿婆在灶房裡煮飯，就問她：

「阿婆，妳煮飯煮多少年啦？」

「哇，少說也煮了五十年！」

「那妳知道妳煮過多少粒米嗎？」

原本野薑花主人也沒有要認真問，只是想開個玩笑。但阿婆被主人這樣一問，覺得要是不好好回答，說不定會被懲罰，就苦惱了一整天，回到家還在想，到底要怎麼算自己煮過多少米。小妹看阿婆在那邊苦惱，就問說：

「阿婆，有什麼事讓妳心煩嗎？」

「今天主人問我說，我煮飯煮多少年，我就和他說，我煮了五十年。結果他就問我說，我煮過多少粒米，我怎麼知道怎麼算？但是主人這樣問，我又不敢不回答，他是不是發現米的量不對，以為我偷米？」

小妹聽了，就笑說：

「阿婆，我是他的妻子，我知道他在想什麼。妳明天就這樣問他，事情就解決了。」

第二天早上，阿婆在灶房煮飯，野薑花主人又跑來灶房找阿婆聊天，阿婆就趁機問說：

「主人，你種花種多少年啦？」

「哇，少說也有幾百……沒，沒，幾十年了！」

「那你知道你種過多少株花嗎？」

「這……哈哈哈哈哈哈哈哈哈哈，阿婆，妳這問題問得真好，沒想到阿婆妳這麼聰明。」

「沒啦，不是我想到的啦，是主人的妻子想到的。」

「我的妻子？阿婆，妳的意思是？」

阿婆就趁機把事情的來龍去脈，都和主人講個明白。野薑花主人立刻跑到阿婆家，把自己真正的妻子接了回來，然後賞了阿婆好幾兩黃金，然後派人帶口信去給妻子的大姊，說要招待妻子的兩位姊姊過來作客。大姊沒有多想，按照約定的日子，循著野薑花的香味，跨過溝渠，來到了妹婿家。結果一到那裡，發現庭院裡站滿了人和蛇，要逃也已經逃不掉了。

野薑花主人同時也命人把假扮成妻子的二姊拖出來，把她摔在地上。兩個姊姊一邊覺得很驚恐，一邊才看到小妹默默地站在野薑花主人旁邊。

「妳們好大的膽子，竟然敢對我妻子動手！」

說完，野薑花主人現出真身，眼睛變成蛇的眼睛，舌頭變成蛇的舌頭，整個臉頰和脖子鼓漲起來，變成了一隻巨大的飯匙倩，張口一咬，咬下大姊的頭顱，一甩，把頭扔到了旁邊的河裡。再張口一咬，咬下二姊的頭顱，也把頭扔到了旁邊的河裡。二姊的臉上一層又一層的白粉，在河水裡漫開。大姊和二姊的屍體，就這樣交給庭院裡幾百隻蛇去處理，野薑花主人變回了人的樣子，和自己的妻子一起進屋去休息了。據說庭院裡的蛇在吃東西的時候，還聽見屋子裡傳

左圖：群 繪製

來鳥的歌聲和笑聲。這件事就發生在那個堤防邊附近，後來他們好像搬家了，沒有人知道他們搬到哪，但那邊留下了很多叢非常美，非常香的野薑花。

Chapter II

意外
但
可理解的
情色

愛吃魚的女孩與蟒蛇陽具

所羅門群島

本故事重述自傑拉·惠勒（Gerald C. Wheeler）在一九〇八至〇九年間，自莫諾島（Mono island）的男子Bitiai那裡採集到的語料[1]。本故事中的主要角色：勃拉韋西阿是一種被稱為倪圖（Nitu）的超自然存在。這種超自然存在，在當地經常是由人死後的靈魂所化成，在莫諾島的信仰中扮演相當重要的角色[2]。在民間譚語料中，倪圖居住的地方往往在森林中或人跡較少的海濱，有時因為殺人而顯出其令人恐懼的一面，但有時也會露出迷糊而遭人類戲弄的性格。

本故事的後段，出現了「假新娘」此母題欄目底下的「老年女性在婚床上假扮成新娘」，以及「運用新娘的飾品假扮成新娘」等母題細項。在與此相近的各類母題裡，「假新娘」此一情節，不僅大量出現在ATU403、408、425……等多個故事類型，也出現在〈蛇郎君〉故事中（ATU433D）[3]。

我要開始說了，開始說了。很久之前，有個首領階層的女兒。這女孩每天都想吃魚。她早上想吃魚，下午想吃魚，晚上想吃魚。可是女孩的母親完全不想捕魚，一點都不想捕魚。因為捕魚很累，捕魚身體會濕。女孩的雙親，每天就只是去採樹薯，採芭蕉，就是不願意去捕魚。

每一次她的媽媽在廚房裡面烹飪時，女孩就會在旁邊問著：

「魚嗎？有魚嗎？」

這時媽媽就會不耐煩地回答她：

「要吃魚，就去海邊啊！要吃魚，就自己去找那個勃拉韋西阿！他什麼東西都生吃，那傢伙有一堆魚，妳要吃就去找他吃。他會娶妳，他會拿一堆魚來餵妳。妳就去海邊，有一堆人在吹法螺，在喊叫的時候，勃拉韋西阿就會出現，妳就去吧。」

---

1 參見：Wheeler, G. C. (1926). *Mono-Alu folklore (Bougainville strait, Western Solomon islands)* by Gerald Camden Wheeler. London: G. Routledge. p.37.

2 參見：Monnerie, Denis. (1996). *Nitu: lesvivants, les morts et le cosmos selon la société de Mono-Alu (Iles Salomon)* / Denis Monnerie. Leiden: Research School CNWS.

3 此類型首見於丁乃通《中國民間故事類型索引》，胡萬川在《台灣民間故事類型》中亦跟隨此分類，請參見：胡萬川。(2008)。台灣民間故事類型：含母題索引/ 胡萬川編著(初版)。台北市：里仁。頁67。

女孩一聽更生氣，就說：

「好，那最好。我就去找他。我才不要繼續住這呢！」

女孩雖然這樣說，她暫時還是住在家裡。過了一天，又過一天，又過一天，又過一天，每一天這女孩都不放棄，總是問她的媽媽：

「今天有魚嗎？媽媽今天有魚嗎？」

不管媽媽她是採樹薯，還是採芭蕉，還是烹調任何食物，都沒有辦法改變女孩愛吃魚的喜好。女孩每天繼續講：

「我要吃魚！我要吃魚！為什麼不讓我吃魚呢？」

她的媽媽也總是給女孩相同的回答：

「要吃魚，就去海邊啊！要吃魚，就自己去找那個勃拉韋西阿！他有一堆魚，妳要吃就去吃。他會娶妳，他會拿一堆魚來餵妳。妳就等，等一群人在吹法螺，在喊叫的時候，勃拉韋西阿就會出現，妳就去吧。」

女孩聽了氣到不行，即使她年紀還非常小，仍舊堅持自己一個人離開家，啟程往海濱走。她一個人離開了自己居住的村莊，往海邊走，走啊，走啊，走啊，走啊，走啊，走啊，走啊，走啊，走啊，中途經過一座村莊，遇到了一群人。他們看見這麼一位小女孩獨自走在往海濱的路上，就問了：

「女孩，女孩，妳要去哪？」

「我要去海濱，我要找勃拉韋西阿。我每天都和我的爸爸說，和我媽媽說，我要吃魚，我要吃魚，為什麼不烤魚給我吃？我媽媽一聽到就會就和我說：『要吃魚，就去海邊啊！要吃魚，就自己去找那個勃拉韋西阿！他有一堆魚，妳要吃就去吃。他會娶妳，他會拿一堆魚來餵妳。妳就等，等一群人在吹法螺，在喊叫的時候，勃拉韋西阿就會出現！』」

村人們聽了就說：

「勃拉韋西阿很恐怖！他有一根大蟒蛇陽具！很恐怖！」

女孩立刻回答：

「那正是我要的！」

村人說明，勃拉韋西阿住在更靠海的地方，離這村莊還有一點距離。要繼續往海濱前進，繼續再往海濱前進。

「女孩，並不是隨時隨地都能看見勃拉韋西阿的。要等待，等待，等著所有在海濱的人，在海中捕魚回來的時刻，人們就會吹起法螺，會喊叫，那時勃拉韋西阿才會出現。他從海濱的一角走出來，把海濱的魚拿回家去。聽到那聲音，才會看到他。」

女孩聽了村人的話，繼續往海濱走，繼續往更靠海濱的方向走。她走啊，走啊，走啊，走啊，走啊，終於看見一群下海捕魚的人。這一群下海的人，每個人都抓了一堆魚，女孩想著「魚啊！魚啊！」但女孩不認識他們，他們也不認識女孩，不會把這些魚給女孩。

這時從海濱的一角，傳來了啪嗒唰，啪嗒唰的聲音，女孩聽到這聲音就往那方向走，只見有個婦人，正在屋外打掃著。這婦人看見了女孩，就說：

「哎呀！女孩，妳到這兒來做什麼？」

「我來找勃拉韋西阿，我要來吃魚。我每天都和我爸媽說，我要吃魚，我要吃魚，為什麼不烤魚給我吃？我媽媽一聽到就會就和我說：『要吃魚，就去海邊啊！要吃魚，就自己去找那個勃拉韋西阿！他有一堆魚，妳要吃就去吃。他會娶妳，他會拿一堆魚來餵妳。』妳知道勃拉韋西阿在哪嗎？」

「噢，勃拉韋西阿，我的兒子，他身上有一條蟒蛇。他雖然有人的身體，但他的陽具是一條非常大的蟒蛇。」

「這樣最好，這就是我來的目的，快叫他來！」

女孩跟著那母親進屋，果然就看見他們的家裡面，地板上有魚，桌子上有魚，廚房有魚，牆上有魚，到處都是魚。女孩一看就說：

「對！這就是我想生活的地方！」

那母親說：

「那妳別急，我先烤魚來吃。烤魚要一點時間，妳就坐在那裡等吧，坐在床上等吧！」

於是女孩就坐在那裡等，等，等。

（停頓）

就在這時，海濱的那群人吹起了法螺。有的聲音高些，有的聲音低些。

嗚——

嗚——

嗚——

嗚——

他們吹著，吹著，並開始喊叫。就在此時，勃拉韋西阿捕完魚回來了。聽見那聲音，勃拉韋西阿的母親和女孩說：

「妳就坐在床上等吧，親愛的女孩。」

這時，陽具進來了，蟒蛇的陽具進來了。蟒蛇陽具進到屋子裡來，住處被填滿了，住處被蟒蛇陽具完全地填滿了。隨後，具有人的身體的勃拉韋西阿進到屋內來。他看見了躺在床上的女孩，就問母親說：

「那是誰？」

「兒子，這位女孩想找你。這女孩想吃魚，她每天都和爸媽說：『我要吃魚，我要吃魚，為什麼不烤魚給我吃？』她媽媽一聽到就會就和她說：『要吃魚，就去海邊啊！要吃魚，就自己去找那個勃拉韋西阿！他有一堆魚，妳要吃就去吃。他會娶妳，他會拿一堆魚來餵妳。』所以她就來了。」

「這樣很好。」

他們一起吃了飯，女孩如願以償，吃了好多的魚。一邊吃，一邊夜晚來臨。女孩和勃拉韋西阿躺在一起，他們交通了，他們交通了許多次。那蟒蛇陽具進去了陰戶，蟒蛇進去了女孩的陰戶，女孩說：

「進來了！進來了！」

就這樣，蟒蛇進到女孩身體裡之後，一下子從嘴巴冒出來說「你好啊！」一下子從耳朵冒出來說「你好啊！」又從所有能進出的孔洞冒出來說「你好啊！」當蟒蛇從其中一個洞中鑽進去的時候，女孩就死了，但是當蟒蛇從陰戶冒出來的瞬間，女孩又活過來。蟒蛇進去，女孩死去；蟒蛇出來，女孩活來。女孩度過了非常快樂的時間，勃拉韋西阿想從此和這女孩一起生活。

右圖：群 繪製

隔天早上，勃拉韋西阿前去捕魚，女孩則幫忙他的母親做事。母親去別的地方忙碌，女孩則在這裡忙碌。東忙西忙，不久之後，太陽漸漸西沉，女孩為了煮水，就準備將幾顆石頭放在火上燒熱。女孩將石頭放在火堆上燒，並且蹲在火堆旁，露出臀部。這時，附近的海濱響起了吹法螺的聲音，蟒蛇陽具看到那臀部，就逕直爬了過來，迫不及待鑽進女孩的陰戶。但女孩因為就蹲在燒紅的石頭旁，因此蟒蛇陽具一個粗心，就被燒紅的石頭燙得死去活來，仔細一看，有些皮焦黑了，有些肉痛了起來。那蛇哀嚎著，然後就變得軟趴趴，完全沒有力氣爬動的樣子。

女孩很擔心地看著軟趴趴的蟒蛇陽具。這時，勃拉韋西阿說：

「幫我找芭蕉樹的樹幹來。」

女孩立刻去找了一種芭蕉樹的樹幹[4]，這種芭蕉的樹幹，不可以是筆直的樹幹，也不可以是很年輕的樹幹，必須要是快腐爛的樹幹才行。女孩一直找，終於找到了一截快腐爛的芭蕉樹樹幹，就帶了過來。並且按照蟒蛇陽具的指示，在樹幹上用刀鑿開一個洞，讓蟒蛇陽具可以插入，插入，插入，使蟒蛇的身體冷卻。快腐爛的芭蕉樹，裡面充滿了水，

4 芭蕉樹的樹幹，並非嚴格意義上的樹幹，而是由多層葉鞘層層包覆而成的假莖。這種假莖在將近腐爛時會富含許多水分。

快腐爛的芭蕉樹，裡面非常涼。蟒蛇陽具插了進去，立刻就降溫了。蟒蛇陽具慢慢恢復了精神。勃拉韋西阿很高興地和女孩說：「噢！妳照顧了我！」

就這樣，勃拉韋西阿就和這女孩一直生活在一起。每天晚上，女孩就在那邊講著「我要死了」或是「我又活了」。而蟒蛇又不斷地從女孩的不同的孔中鑽出來問候說「你好啊」、「你好啊」。彷彿女孩的身體是許多的房屋，許多的窗戶。看得見海的許多窗戶。

每一天，勃拉韋西阿的母親就在旁邊看著，看著，看著，看著，看著，看著，看著，看著，看著，看著。就有這麼一天，勃拉韋西阿的母親和女孩說：

「女孩，既然妳現在住在這裡，吃我們家的魚，又睡在我們家，那妳就得幫我做多一點事情。我今天早上要去比較遠的地方找點食物，跟我來吧。跟我來吧。兒子去捕魚，我們要去找點食物回來，我要去採芭蕉和芋，我要去採檳榔，我要去拿石灰葫蘆[5]。跟我來吧。」

---

5 石灰葫蘆：莫諾語稱之「puai」。自巴布亞新幾內亞至索羅門群島——包含莫諾－阿魯島在內的諸島島民，經常使用一種葫蘆盛裝石灰，這種葫蘆在不同的語言有著不同的稱呼。在吃檳榔時，即從此葫蘆中拿取適量石灰，與檳榔一同咀嚼。部分區域的石灰葫蘆外表具有幾何紋樣的彩繪。

女孩跟著勃拉韋西阿的母親，走到了比較遠的地方。那母親採了芭蕉和芋，採了檳榔，拿著石灰葫蘆，慢慢地走回家。女孩跟在那位母親後面，發現並沒有什麼東西需要自己幫忙。女孩覺得奇怪，但沒有問。她們走啊，走啊，走啊，走啊，走啊，走啊，途中經過了一座非常大的坑洞。走到坑洞邊時，那位母親拿了顆檳榔，且把石灰葫蘆的封口塞拔出，取些石灰，摻和檳榔一起放入口中嚼著。嚼著，嚼著，並且裝作失手的樣子，讓葫蘆的封口塞落到坑洞底部，然後就和這女孩說：

「我年紀大了，妳下去坑洞裡面，幫我把塞子撿回來吧。幫我撿回來吧。」

女孩看了看坑洞，回說：

「可是那下面很髒，那下面很深。我的頭髮會髒，我的衣服會髒，我的飾品會髒。」

「來，妳先把髮飾拿下來，妳先把腳踝上的貝殼拿下來，妳把手臂上的手環拿下來。然後妳慢慢爬下去，慢慢爬下去。」

女孩將全身的裝飾品都脫下，慢慢爬了下去。她越走越深，終於走到坑洞底部，將塞子撿了回來。等到女孩慢慢爬上來，爬上來，爬到了洞口邊，那位母親就和女孩說：

「來，往上看，這裡，看著我，抬頭！」

女孩一抬頭，那母親就將葫蘆中的石灰往女孩眼睛撒下去。女孩的雙眼立刻一黑，什麼都看不見。那母親讓女孩失去視力，並將女孩推入坑洞，女孩直直地掉到坑洞底部，因為什麼都看不見，爬不出來。母親趁機回到家中，用白色的粉讓自己變白，將女孩所有飾品都穿戴在自己身上，拿女孩的髮飾佩載在自己髮上，拿女孩腳踝上的貝殼來裝飾自己的腳踝，拿女孩的手環戴在自己手臂。裝扮好，走到她兒子的面前說：

「來吧，兒子，不，來吧，我的丈夫，來吧，勃拉韋西阿，我親愛的丈夫。我是你的妻子！」

勃拉韋西阿看著她的臉，看著，看著，且說：

「妻子？我覺得妳今天長得很像我媽，妳的聲音很像我媽的聲音。妳今天發生什麼事了？妳想做什麼？」

「我是你妻子！你看我的頭髮，我是你妻子。你看我的腳踝的飾品，我是你妻子。你看我手臂上的手環，我是你妻子。來吧，讓蟒蛇來吧。」

於是那蟒蛇陽具，就朝著這既像是母親，又像是妻子的身體裡去。裝扮成妻子的母親不斷地說「我要死了」、「我又活了」。而蟒蛇又不斷地從半妻半母身上的不同孔中鑽出來問候說「你好啊」、「你好啊」。後來他們晚上睡在一起。

夜裡下了雨。雨水打在屋頂，雨水打在坑洞裡。女孩仰頭，讓雨水打在臉上，臉變得涼了。女孩讓雨打在眼裡，雨洗走了石灰，於是女孩再度看得見了。女孩一邊爬出坑洞，一邊聽見勃拉韋西阿和假扮成妻子的母親的聲音，「我要死了」、「我又活了」。於是女孩就開口歌唱：

「勃拉韋西阿，你正在和你媽做，你的妻子在這裡，勃拉韋西阿——」

勃拉韋西阿做到一半，聽見這歌聲，問說：

「那是什麼聲音？」

「那是鳥叫聲。快點繼續。」

女孩此時爬出的坑洞，又唱了一次：

「勃拉韋西阿，你正在和你媽做，你的妻子在這裡，勃拉韋西阿——」

這下子勃拉韋西阿的耳朵聽清楚了，眼睛也看清楚了，在他眼前的是他的母親。勃拉韋西阿隨手拿了短刀，迅速殺死了母親，將需要砍斷的地方砍斷。這時女孩回來了，他的妻子回來了。他們就這樣生活在一起。

結束了，這故事被說出來，現在說完了。Somanana[6]。

楊雨樵說書現場

6 Somanana：莫諾語當中常見的故事結束語。此語對筆者有特殊意義，因為莫諾語的民間譚群，是筆者在十八歲時，正式踏入口傳文學的語料研究與彙整的開端。

湖的陽具與雌狐

因努特

此故事來自東格陵蘭的因努特人。在因努特人的口傳文學中，經常會看見種種非生物、動物與人類發生各類交際或性的互動。格陵蘭的因努特人相信，這些能夠與人發生種種互動的非生物，乃是該物內在「inua」的顯現。inua的意思近似「物的擁有者」或「物的主導者」，其字根inu-具有「關乎人的」的意涵[1]，構成的字彙包含「inuk（人類）」、「inussuk（或拼作inuksuk，以人形行動者）」。在諸多故事群所反映的因努特宇宙哲學觀中，包含動植物在內，天空、月亮、房屋、火焰，以及本文提到的湖泊，都具有inua。

因努特人與這些具inua的非生物或動物交際的情節，在民間故事的情節分析上，與「超自然的或動物的丈夫／妻子」等民間故事類型有些許重疊之處。此外，也具有「男子發現家中神祕地被雌性動物或女子整理好」的母題。本故事在十九世紀末以降的數個因努特講述者口中，既有偏向喜劇結尾的異文，也有偏向悲劇結尾的異文。

從前，就有這樣的人，一位年輕的男人，一位年輕的女人，他們就住在充滿雪的地方，生活在一起。原本這兩個人，他們經常白天去釣魚，去狩獵，晚上就一起吃晚餐，最後一起睡，每天都如此。

可是沒過多久，他們雖然白天去狩獵，晚上卻不睡在一起了。有些時候，丈夫去打獵好幾天，回到家來，卻沒看見自己的妻子。他的妻子，過往在這種狀況下通常都待在家裡，這天卻到了晚上還沒回來。妻子到底去哪裡了？這男子非常好奇，有一天他和妻子說：這一次妳去那邊狩獵的話，我去這邊狩獵。我們兩個人去不同的地方狩獵，也許能獲得更多食物。妻子說好啊，於是他們兩個人就分頭行動。

這男人假裝要去狩獵，卻繞了一圈，跟在自己的妻子後面。那妻子走啊，走啊，走啊，走向一座大湖。她走到大湖的湖畔，開始對湖水大喊說：

「啊，陽具啊！陽具啊！」

---

1 Oosten Jarich Gerlof. Inuit cosmology and the problem of the third sex. In: *Études mongoles et sibériennes*, cahier 26, 1995. Variations chamaniques 2. pp.83-106.

她一邊這樣喊，一邊湖中就出現了一根非常巨大的陽具，這陽具從水面伸了出來，水從陽具的莖上層層褪下。這女子調整好角度，湖的陽具很快地找到可以進去的地方，就鑽了進去。看起來，女子彷彿坐在這座湖的陽具上。坐著，坐著，上下晃動，然後開始唱歌，或者說好像開始在唱歌似的。

「啊呀，啊呀，啊呀！」

她唱著，唱著，越唱越快樂。可是躲在不遠處偷看的丈夫，一直看，一直看，越看越生氣。他想著一定要想辦法來教訓這座湖，報復這座湖。哎呀，隔天早上，這丈夫和妻子說，今天不要去那裡打獵了，來這裡打獵吧，我和妳交換。妳看，昨天也沒有獵到什麼東西回來，妳應該要換個地方打獵。我今天去那邊試試看。那妻子沒特別反對，就說好吧，就這樣吧。

隔天，這丈夫自己走向那座大湖，到了湖畔，就開始學妻子的聲音，對湖水大喊說：

「啊，陽具啊！陽具啊！」

果然那湖中的陽具，從水面伸了出來，水從陽具的莖上層層褪下。陽具往丈夫這個方向邁進，但這丈夫看著陽具，看著，看著，看著，看著，似乎有一點看呆了。

（停頓）

但是他突然發抖起來，拿起刀子，把這湖的陽具一刀切了下來。一切，湖像是嚇了一跳似的，整座湖的湖水少了一半。丈夫把切下來的湖的陽具，切切切剁剁剁，切切切剁剁剁，切成了成堆的肉塊（畢竟湖的陽具多大啊）。所有的肉塊與碎渣，都拿回家裡燉湯，煮煮煮燉燉燉，一邊燉，一邊等著他的妻子回來。丈夫想著，該不會另外一邊，又有另一種陽具吧，這樣擔心的時候，妻子就回來了。

妻子一回來，丈夫就說：
「我今天煮了一鍋湯，喝吧，喝吧。」

於是妻子喝了他煮的湯，一邊喝，一邊稱讚說：
「這湯真好喝，肉真好吃，這湯裡面是什麼肉呢？」

丈夫回答說：
「這湯裡面的肉，是湖的陽具。」

「這是湖的陽具的湯？」

「沒錯，是湖的陽具的湯。」

「難怪這麼好吃，畢竟平常就很好吃了。」

看到妻子這麼平靜，這男人也表現得很平靜。他們吃一吃，男人又問說：

「蛆和刀子，哪一種比較可怕？」

「蛆可以捏死，刀子卻會把我砍死。刀子比較可怕。」

「蒼蠅和刀子，哪一種比較可怕？」

「蒼蠅可以拍死，刀子卻會把我砍死。為什麼這樣問？」

丈夫沒有回答。那天晚上和平常一樣睡覺，隔天和平常一樣出門狩獵。但回來的時間比平常都早。丈夫把自己的妻子，拉到一張獸皮上，然後把她按倒。開始拿一些東西去打她，拿一些東西去丟她，把她身上的獸皮衫扯掉。丈夫又從自己的袋子裡，抓出了一把又一把的蟲。原來丈夫早上並不是去狩獵，而是從動物的屍體身上，蒐集蒼蠅，蒐集蛆，還蒐集了許多蟲。丈夫從袋子裡，抓了成把的蒼蠅來丟她，抓了成把的蛆來丟她，抓了成把吃肉的蟲來丟她。妻子說「不要這樣，不要這樣！」但是丈夫並沒有停手。

在那獸皮上，妻子身上所有的孔竅，耳朵、鼻孔、陰戶，都有蟲鑽進去。妻子被蒼蠅咬，被蛆咬，被蟲咬，被牠們一口一口咬掉，一口一口吃掉，最後只剩下沒有辦法吃掉的頭髮和骸骨，留在獸皮上面，骨頭上一點肉都沒剩。這丈夫把裹著屍骨的獸皮捆一捆，包一包，拿到了屋外去燒掉。過了一段時間，丈夫一個人生活，漸漸覺得被雪包圍的日子多了，有一點寂寞。沒想到有一天，突然出現了一隻雌狐！這隻雌狐跑到這獨居男子的家門口，站在那兒，趴在那兒，也不走開。這男人想著：這狐狸在這要做什麼呢？想著，想著，還是繼續過著同樣的生活，白天出外去打獵、捕魚，晚上回家休息。

沒想到每次男人出門，一回到家裡，就發現家裡所有的東西都已經打理好了，整理好了，食物都煮好了。男人想著：怎麼會有這樣的事？誰打掃了家裡？誰在我的家裡烹煮食物？有一天，男人假裝出門，走後不久，又繞路回到離家不遠處，躲起來偷偷地觀察，發現那隻雌狐，那隻站在門口、趴在門口的雌狐，趁著這男人不在，把一切都整理好，一切都打理好。這天，男人從躲藏的地方走出來，進到家裡，和這雌狐在家裡共度了一段時光，過了幾天，就像過了很多年的夫妻。

幾個月流逝，天暗的時間越來越長，下大雪的日子越來越多，男人和雌狐每天待在家裡，總是和同一個人交通，總是同樣的幾個姿勢，雙方都覺得有點無聊了。於是他們就想著，去拜訪附近其他夫妻，和不同的對象做點變化看看吧。於是這男人和雌狐，一同去拜訪了不遠處的一戶人家。這戶人家住有一對夫妻，丈夫是一坨糞，妻子則是一隻兔子。男人和糞便與兔子說，讓我們一起吃飯，一起交通，嘗試不同的變化吧。糞和兔子相當高興，說：「好啊！好啊！」

於是他們吃完飯之後，就試著一起交通，嘗試不同的伴侶。這男人和那隻雌兔，而雌狐就和那坨糞了。沒想到這糞雖然粗又壯，但是很臭，越進行越臭。於是這雌狐一邊做，一邊大聲抱怨著：「好臭啊！太臭了！」

此時，那坨糞停下動作，說：

「糞便再臭，也沒有雌狐的臭味臭。」

那坨糞這樣講，把雌狐氣個半死，立刻掀開門口那張獸皮，衝了出去。那男人驚呼一聲，就說：

「糞，你到底還是坨糞，不會講話。糞的嘴巴講出來的，確實是糞。」

右圖：群 繪製

男人追了出去，沿著那雌狐的腳印，追啊，追啊，追啊，追啊！

（停頓）

追了一段時間，到了一處岩壁上的洞穴。這洞穴看起來又深又黑，是要進去，還是不要進去？男人在洞口猶豫了很久，最後還是決定進去。他走，走，走，走，走到一個地方，看見一處小小的房間。在那房間當中，有一個看起來像女子的人，一半是女人的身體，一半是蒼蠅的身體。這半人半蒼蠅的人就問他：

「來吧！來吧！來吧！和我躺在一起吧！和我交通吧！」

那男人一看到，立刻逃走了。他無法承受半人半蒼蠅的身體。他繼續往前走，走，走，走，走到洞穴中的第二個房間。這一次，有一個看起來像是女子的人，一半是女人的身體，一半是蛆的身體。那半人半蛆的人就問他：

「來吧！來吧！來吧！和我躺在一起吧！和我交通吧！」

但是這男人看到一半人一半蛆的身體，他沒有辦法承受。於是這男人又繼續往更深的地方走，往更深的地方走。他走，走，走，走，他幾乎忘記自己在追自己的雌狐，他想起自己在追雌狐，一邊想，一邊走到了洞穴的最底部。在底部的小房間內，他看見了一個像是自己以前的妻子。這一個人，一半是女性的身體，一半是幾萬隻蟲構成的身體。那個半人半萬隻蟲的人就說：

「來吧！來吧！來吧！和我躺在一起吧！和我交通吧！」

這一個男人雖然想離開，但是已經來不及了，因為前兩個房間裡邊的半女子半蒼蠅，和半女子半蛆也都從門口追了進來。這兩個人，和半女子半萬隻蟲的人，一起把這男子壓倒在地上，三個人輪流坐在他上面，三個人輪流趴在他上面。他們一邊做，一邊蒼蠅就咬他；他們一邊做，一邊蛆就咬他；他們一邊做，一邊幾萬隻蟲就咬他。咬他，咬他，咬他，男人的肉越來越少，男人的骨頭越來越多，男人的身體越來越小。這個時候，男人看見，黑暗，黑暗，黑暗，黑暗，黑暗，

（停頓）

更多的黑暗，更多的黑暗，直到黑暗把故事淹沒為止。

在妻子的腿間畫牛

朝鮮半島

此故事分布於歐亞大陸各處。除了朝鮮半島有數個採集的紀錄外，在日本十三世紀，由無住道曉所編纂的十卷《沙石集》當中，也有刊載與下文相當近似的故事[1]。此外日本山梨縣、和歌山縣等地，也曾採集到：男人在外出前，於妻子的右腿寫了「鶯」字，回家之後卻發現鶯字跑到了左腿，一問之下，妻子說「沒聽過有句話叫做黃鶯渡谷（鶯の谷渡り）嗎？」在古代中國《笑林廣記》當中的「掘荷花」一節，也有相當類似的故事[2]。而南方熊楠在文章〈在女子腹部畫羊的故事〉中，對此類型故事做了頗詳盡的調查[3]。此故事在十六世紀的西歐也有類似的版本（南方熊楠也在上文中提出相關文獻），內容是男人離開前在妻子肚子上畫了無角的羊，但回來的時候羊長出了角來。這故事在義大利、德國、法國和西班牙等地也都有採集紀錄。

從前，從前，就有這麼一次，有個年輕的妻子，和年輕的丈夫住在一起。生活了好一段時間之後，這妻子開始覺得厭倦啦，同一張臉，同一種姿勢，沒什麼趣味。怎麼辦才好啊？該怎麼做才好呢？

於是妻子就趁著丈夫下田耕種的時候，在村子裡找了個年輕力壯的男人。那年輕的男人喘著氣，妻子也喘著氣，就在那家裡搖晃起來，到了傍晚之前就從後門離開了。每天搖啊，離開；搖啊，離開。偶爾到了晚上，丈夫和妻子也在床上搖，搖著搖著，丈夫就想：總覺得妻子身上，好像有其他人的味道，不太對勁。

某天早上起床，丈夫想到個法子。

---

1 參見：無住道曉。(1283)。沙石集，卷第七下，「無嫉妒之心人事」。1616 刊活字版。

2 該故事原文如下：「一師出外就館，慮其妻與人私通，乃以妻之牝戶上，畫荷花一朵，以為記號。年終解館歸，驗之已落，無復有痕跡矣。因大怒，欲責治之。妻曰汝自差了，是物可畫，為何獨揀了荷花？豈不曉得荷花下面有的是藕，那須來往的人，不管好歹，那個也來掘掘，這個也來掘掘，都被他們掘乾淨了，與我何干。」出自《笑林廣記》，卷二腐流部，〈掘荷花〉。

3 南方熊楠。(1926)。續南方隨筆，「羊を女の腹に畫し話」。東京都：岡書院。頁 160-161。

他拿毛筆沾了點墨，就在妻子的右腿的內側畫了一頭臥牛，牛屈著四條腿，半臥半坐，一副很悠哉的樣子。丈夫想著：「要是這一頭牛被抹掉，那就表示一定是因為這腿的內側有摩擦嘛。摩擦夠多次，這一頭牛就會被抹掉了。」

隔天，這妻子又想找人來家裡搖，搖著搖著多好，等丈夫出門，下田耕種的時候，妻子又跟那名年輕男子在家裡面，搖啊，搖啊，搖啊，搖啊，樑上的灰塵，細細地落在男子的背上。哎呀，腿上畫有臥牛的位置，就不斷地摩擦、摩擦、摩擦、摩擦，那頭牛就這樣漸漸少掉了頭，少掉了身體，少掉了屈著的四條腿，少掉了尾巴。最後只剩下些微的墨痕，好像畫出來的一陣風。但牛被抹掉了，這下子麻煩了。

怎麼辦，怎麼辦？妻子看著自己的腿說：「怎麼辦，怎麼辦？」年輕男子看著女子的腿說：「怎麼辦？怎麼辦？」眼看丈夫已經從田中走回來，嘴上還哼著歌。男子當機立斷，提起毛筆沾了墨，就在女子的腿內側也畫一頭牛。只是太過心急，畫的位置比先前那頭牛更靠近腿根。但年輕男子沒時間多想，畫完，筆一扔，草鞋一踏，就從後門溜了出去。

左圖：丁柏晏 繪製

丈夫一進門，什麼也不做，一過來就將妻子的衣服掀開，仔細查看，只見那頭在右腿上的牛，不但站起來了，而且還比先前的位置更靠近腿根。丈夫就大聲地說：

「欸，妳看，這頭牛不但站了起來，位置也變了，妳果然還有別的男人！想也知道這牛是別人重畫的！」

那妻子一聽，臉色一變，大聲地說：

「欸，你這話就不對了！我問你，牛平常吃什麼？」

「不就吃草嗎？」

「那你看，我這個地方，哪裡有草？」

「要說是草，那當然就是妳的陰毛啦！」

「這不就對了？牛看到草，自然會站起來，走過去吃啊！你看看，我的毛是不是少了點？而這頭牛是不是肥了點？」

「喔！原來如此！這真是有道理！」

丈夫從此沒再懷疑過妻子。

一個善妒的父親與他的三個女兒

墨西哥

此故事來自墨西哥，這個故事的數個異文，由著名的納瓦語（Nahuat language）口傳文學研究者詹姆斯·M·塔格特（James M. Taggart）於二十世紀的七〇年代，在墨西哥的維齊蘭（Huitzilan）自治區，採集到數個版本。在這故事的數個異文中，可以窺見在十七世紀修道士將基督信仰當中的性行為與罪相聯繫的觀念帶入了當地，並且隨著西班牙人與麥士蒂索人（Mestizo）到當地定居，使該地區出現了原住民與殖民者之間的地位差異[1]。

在這種地位差異的背景下，男子透過扮女裝，來與地位高的人遂行歡愛的行動，便鑲嵌著一種地位較低者對地位較高者的搗蛋與捉弄的元素。其中，可見故事類型AT883B的一小部分，即三個女兒被父親關在家中，卻被偷偷潛入的年輕男子誘惑的情節。此外，也可以見到故事類型ATU1542當中，年輕男子裝成侍女潛入女子房間，而讓女子懷孕的情節。但要注意的是，在納瓦語的這篇故事文本中，三位女子意圖較強烈，且願意為了滿足慾望而展現更積極的行動。同時，這位作為trickster的男子（可見〈納斯列丁·侯賈的事蹟〉一篇之解釋），也罕見地讓男主人品嚐到同性交通的滋味。

哎呀，很久之前，有一個來自西班牙的男人，這男人穿著一身好衣服，就在我們那裡蓋了一棟美麗的屋子，屋子有三層樓。這個穿著好衣服的男人啊，他的妻子死去之後，就獨自撫養著三個女兒，並且從來不讓這三個女兒離開家，永遠把他們關在二樓。

這個父親哪，他對當地的人非常有戒心，成天擔心自己的女兒會被誰看上，然後就離開自己。於是這穿著好衣服的人，總是跟他的女兒講：

「女兒不要站在窗邊！妳會被看見！」

或是：

「不要站在門邊！妳會被看見！」

或是：

「不准出門，妳不可以讓當地人看見妳！」

差不多就這三句話，這三個女兒差不多也開始懷疑父親活了這麼久，只會這三句話。

---

1 Taggart, James M.. men's changing image of women in Nahuatoral tradition. American Ethnologist, vol.6, no.4, Nov.1979, pp.723-741.

哎呀，每天都被關在家裡，太悶了，太悶了！就在她們悶在家裡時，有一個當地的年輕男孩，手好、腳好、腿好、頭髮好，眼睛更好，他早就看見那棟美麗的屋子的二樓窗戶內，有一個、兩個、三個長相不同但全都美麗的女子，輪流看向窗外。她們看起來都很年輕，為什麼不出來走走呢？但這個年輕男孩知道，這種事，要是用男孩的樣子去問，是問不出什麼東西的。於是這男孩開始留起長髮，越留越長，越留越長，又用梳子梳啊，梳啊，梳到梳子能從頭髮上滑下去。等到頭髮長到某個程度，男孩覺得現在自己如果去那有錢人家裡應徵廚師，那位穿著好衣服的先生，應該會點頭答應。於是他穿上女子的衣服，跑到了這位穿著好衣服的男人家門前，叩叩叩叩，叩叩叩叩。穿著好衣服的男人懶洋洋地問：

「是誰啊？」

廚師說：

「你好，尊貴的先生，我想來應徵廚師。」

這穿著好衣服的男人，已經很久沒看見這樣一個美麗的女子，頭髮又長又順，梳子像是會從頭髮上滑下去，就點頭說：

「好，你就從今天開始來工作吧！」

這新的廚師想著別的事，這舊的父親也想著別的事。那三個女兒在樓梯口看見了這位廚師，也想著別的事。

這新廚師做什麼都好吃，三個女兒在廚房和這廚師一起烹飪，大家都很愉快。父親看自己的女兒現在有了新的朋友，也覺得高興，就讓他們在同一間房休息。父親盯著這廚師看，越看越覺得，這廚師還真美。

廚師來了一個月之後，這廚師就和三個女兒說：既然妳們的父親都讓外邊的人進屋了，那屋內的人要出去外邊，也不奇怪吧？

「出去走走，出去走走很好。」

這些女兒就回答：

「你去問父親怎麼說，你去問父親我們是否能夠一同出去走走。」

廚師問了，穿著好衣服的男人就說：

「不可以，你回廚房繼續工作，妳們上樓待在房間裡。」

「我們想出去走走，我們已經長大了！」

「以前是怎樣現在就是怎樣！」

「但我們應該要去教堂誦念玫瑰經。我們都必須這樣做。我們必須為誦念玫瑰經做點準備。」

父親聽了，就同意他們跟著廚師一起，四個人出外去採買點東西，然後去教堂誦念玫瑰經。結束後他們回到房間，四個人隨意地聊天，聊到半夜。大約凌晨三點的時候，四分之一的月亮隱沒在地平線時，年紀大一點的長女就說：

「看看我們，每天都只能被關在家裡，不能隨意出去走走。妳們覺得現在這時刻，如果我們誦念玫瑰經，天上的神會不會可憐我們，送我們一些可以讓我們快樂的東西？」

「說不定會！讓我們一起試試看！」兩個妹妹和廚師異口同聲地說。

於是他們在那凌晨時刻，月亮一邊隱沒，他們一邊誦念玫瑰經。在那之後，他們每天晚上都會在房間裡面誦念玫瑰經，祈求神賜給他們讓他們快樂的東西。過了兩個月之後的某個凌晨，廚師說：

「親愛的各位，天上的神剛剛可憐我們，賜給我們一個可以快樂的東西！」

「什麼？是什麼？」

「我現在變得有點像男人了，過了兩個月，我的身體越來越像男人，我有男人的東西了。」

三個姊妹就著不明亮的月光仔細看，發現廚師真的像是一個男子。年長的姊姊說：

「這正是我們需要的東西！感謝神，現在讓我們快樂起來吧！」

年長的大姊讓自己快樂的一段時間後，二姊把大姊推開，也度過了一段快樂的時間。最後妹妹也迫不及待地度過了一段快樂的時間。他們一邊唱著各式各樣的美麗的歌，一邊讓自己快樂。這些歌聽起來都很神聖，在一樓的父親偶爾聽到，也覺得相當高興，認為三位女兒祈禱得這麼熱烈，是很好的事。

這樣快樂的事，他們享受了八個月。大姊的肚子鼓得圓挺挺，二姊的肚子也鼓了一些，小妹的肚子也鼓了一點點。看見自己的女兒變成這樣，穿好衣服的男人相當驚訝，說：

「妳們都沒有出門，怎麼會發生這樣的事呢？」

大姊回答：

「我想這是我們非常專注地誦念玫瑰經的關係。我們一直誦念，神就可憐我們，給了我們想要的東西。」

左圖：丁柏晏 繪製

由於不能讓事情這樣下去，三個女兒的肚子大到一個程度，總要有人照顧，而且穿好衣服的男人，越來越覺得那位女廚師長得美極了，很想要做點快樂的事。於是男人請了幾個有經驗的女子，將三個女兒帶去醫生那邊。留下他自己和廚師在家中獨處。這位穿著好衣服的男子忍著，問這位廚師說：

「好啦，請你解釋一下：為什麼誦念玫瑰經的女孩們會這樣大肚子呢？」

「尊貴的先生，你真的想知道嗎？其實那不是什麼了不起的事。」

「當然，我想知道。」

「在我說明之前，尊貴的先生，你可以先洗個澡，將身體洗乾淨。然後我就會告訴你，你就會知道，那是一件非常快樂的事。」

男人說：好，好，好。就在浴室裡面，把自己的衣服慢慢脫下來，讓廚師幫忙洗他的頭，洗他的臉，洗他的脖子，洗他的肩膀，洗他的胸，洗他的背，洗他讓他開心的地方。沒有穿著好衣服的男子現在非常高興。廚師在這位尊貴的先生的身體上下，塗滿了肥皂，更多的肥皂，塗到整個身體都滑滑的，不只是塗不太髒的部分，也塗非常髒的部分，讓髒的部分變得很光滑。男人好奇地問：

「這裡也要洗得這麼乾淨嗎？」

廚師回答：

「是的，尊貴的先生，這裡也要洗得很乾淨，等一下才會很快樂。」

廚師說完，調整這位沒有穿著好衣服的男子的姿勢，讓他趴在地板上，肚子朝下。廚師說：

「現在我們可以開始誦念玫瑰經了。」

廚師就開始動了起來。這位男子立刻感覺到一種難以解釋的快樂。他們就這樣在浴室快樂，不在浴室也快樂。直到女兒帶著她們的孩子回來之前，男子與廚師過了很快樂的一段時間。

故事就到這裡，我說完了。

川下端的人、川上端的人

北海道阿伊努人

「川下端的人、川上端的人（パナンペ アンペ ナンペアン）」是阿伊努口傳文學裡面相當著名的散體故事群，這群故事總是以「川下端的人、川上端的人」這句話為開頭程式語（opening for mula）。在阿伊努的敘事前提中，所謂的「川上端」指的並非是河流上游，而是指靠海更近之處；川下端指的是離海更遠之處[1]。此故事中，兩個主要的角色的名字，就是「パナンペ（Pa-nan-pe；川下端的人）」與「ペナンペ（Pe-nan-pe；川上端的人）」。此故事重述文本為行文方便，音譯為帕南培與佩南培。

此故事群的內容，往往以如下的程式性情節演示：川下端的帕南培做了件有趣的事、冒險的事或搗蛋的事之後，佩南培想要模仿，結果總是失敗，並且鬧了笑話，或導致自己的死亡等。基於此點，本故事群多半都帶有「愚笨的人模仿幸運的人」此一母題，並且大部分都被分類在類型ATU503。值得注意的是，在這則故事中，喬裝成少女並且偷偷為對方烹飪食物的情節，則與日本昔話中的〈牡蠣妻子（蛤女房）〉或〈魚妻子（魚女房）〉的情節相仿。本故事在講述時，雖然是散文體的故事，但阿伊努人的講述者在重述這則故事時，往往會有敘事詩的韻律感，因此本篇故事在重述時，嘗試以分行形式呈現。

川下端的帕南培與川上端的佩南培，
川下端的帕南培，
他看著住在川上端的佩南培，
一個人生活，沒有妻子，
佩南培渴望有一個妻子，
他一個人正在那裡勞動，勞苦，
非常可憐。
於是帕南培想著，要為他做一點事情，做一點事情。
帕南培就趁著佩南培不在家的時候，
自己跑到了川上端的佩南培家裡去。
到了他家裡，到了他廚房，
果然就發現，佩南培因為
一下子忙著砍柴，一下子忙著提水，
一下子忙著洗衣服，
所以他的家裡，
有很多地方都非常髒，
有很多地方都積起污垢。
於是帕南培心生一計，
他自己跑到了佩南培的屋裡，

---

1 萱野茂（1985）。「パナンペとペナンペ」、『カムイユカラと昔話』。東京都：小学館。p.307。

把他的烹飪器具洗得一乾二淨，
把他的鍋子洗得一乾二淨，
把他所有的鍋碗瓢盆，
全都擦得亮晶晶。
接著再從地板開始清理，
從靠近爐台的地板開始清，
往外掃，往外清。
往門口掃，往門口清。
越清越乾淨，越清越整潔。
把所有的污物都往門外掃出去之後，
帕南培又開始打理自己。
他走到河邊去，他把自己泡到了河裡去，
他搓自己的手，搓自己的腳，
搓自己的脖子，搓自己的臉。
他把自己頭髮放下來，他把自己的頭髮浮在河水裡，
徹底的洗乾淨，徹底的搓乾淨。
他讓他的頭髮被風吹乾，並且不綁起來。
他一下子就變成了一個，具有長長又直直的頭髮的人。
他披著長長又直直的頭髮，
他的頭髮高高的吹起，他的頭髮低低的吹起。
他走進那屋子裡面，他提了水，
他走進那屋子裡邊，他開始做菜，

他開始烹煮各式各樣好吃的東西。
他做了，然後他做好了，他做好了各式各樣的食物。
他把它按照一般熟知的順序，將食物擺放好。
他把所有的食物都放好了，然後坐在妻子的位子上。
他讓自己坐在伴侶的位子上，他讓自己的背向著門口，
他披著的頭髮面向門口，他自己的臉則面向內側。
從外邊回來的佩南培，一直辛勞的佩南培，
他一邊回家，一邊嘆氣，還心想著：
等一下回到家之後，還要清理鍋子，還要清理地面，
還要提水，還要烹飪，
光想到這就覺得非常的疲勞。
佩南培回到了家裡，他看見屋子的上方冒著烹飪的煙，
家裡面變得非常乾淨，家外面也變得非常乾淨。
佩南培從窗子外面偷看，
看見那些菜，那些食物，全都擺放好了。
家裡像神居住的地方一樣美，
所有東西收拾得整整齊齊，閃著清潔溜溜的光輝。
他又看見在妻子坐的位置上，坐著一個少女。
這個少女的背面向門口，少女的頭髮面向門口，
少女的臉面向內側，這是一個多美麗的女子，
這是一位擁有美麗的頭髮的女子！

佩南培如此想要一位妻子，
而現在就有一位少女坐在那裡，
好像自己有了妻子似的，
佩南培非常開心地走進屋內，
非常禮貌又迫不及待地交談起來。
這位少女將各種食物端給了佩南培，
少女高高地盛給他，低低地盛給他。
佩南培耐著性子，將非常豐盛的食物吃完，
那真是非常好吃的食物。
佩南培想看清楚這個人的臉，想看清楚這個人的長相。
但是由於這一個人，
一下子高高地把菜端起，一下子低低地把菜端起，
佩南培沒辦法看清楚。
佩南培的內心越來越急，越來越急。
等到兩個人都把食物吃完，佩南培立刻和這位少女說：
快進去，快到裡面去！
快將屋內的兩張草席準備好吧，
快將一張草席鋪在另一張草席旁，讓我們一起睡吧！

扮成少女的帕南培在心裡偷笑，
但還是按照他的話照做。
帕南培將兩張草席準備好，

將一張草席鋪在另一張草席旁。
帕南培這樣做完，佩南培再也忍不住，
佩南培從後面撲上去，一下子把這位少女抱住。
佩南培的兩隻手，抓住了那少女的胸部。
他一抓下去，帕南培再也忍不住笑意，
突然跳了起來，大聲地笑著啊哈哈哈咿！
帕南培露出他本來的臉，用手把佩南培一把推開，
往屋外跳了出去。
嚇了一大跳的佩南培，睜大眼睛看，
才發現自己剛剛抓著的，是一個男人的胸部，
這件事從頭到尾，都是帕南培的惡作劇，
佩南培了解這點之後非常的生氣，
佩南培非常的憤怒，佩南培暗暗地想著：
你竟然敢對我做這樣的事，帕南培，我一定要報復
討厭的帕南培，壞心的帕南培，我一定要報復！
佩南培在心中這樣想著，在心中罵了對方一頓，

過了一段時間，佩南培想著：
帕南培應該放鬆警戒了吧，
帕南培最近很忙吧，帕南培最近一定忙著砍柴吧，
帕南培最近一定忙著做各式各樣的事吧。
於是佩南培到帕南培的家裡去。

佩南培心想，我要到他家去，我要和他做一樣的事情！

佩南培到了帕南培家裡，果然看見帕南培家裡的樣子，

就跟一個忙碌的人家裡一樣：

帕南培的鍋子沒有清理，帕南培的地面沒有清掃，

他所有的東西都亂七八糟。

佩南培看到，想著太好了，太好了，

我也可以和帕南培做一樣的事，

我一定要讓帕南培知道我的厲害！

佩南培把帕南培的烹飪器具洗得一乾二淨，

把他的鍋子洗得一乾二淨，

把他所有的鍋碗瓢盆，

全都擦得亮晶晶。

接著再從地板開始清理，

從靠近爐台的地板開始清，

往外掃，往外清。

往門口掃，往門口清。

越清越乾淨，越清越整潔。

左圖：丁柏晏 繪製

把所有的污物都往門外掃出去之後，
佩南培又開始打理自己。
他走到河邊去，他把自己泡到了河裡去，
他搓自己的手，搓自己的腳，
搓自己的脖子，搓自己的臉。
他把自己頭髮放下來，他把自己的頭髮浮在河水裡，
徹底的洗乾淨，徹底的搓乾淨。
他讓他的頭髮被風吹乾，並且不綁起來。
他一下子就變成了一個，具有長長又直直的頭髮的人。
他披著長長又直直的頭髮，
他的頭髮高高的吹起，他的頭髮低低的吹起。
佩南培走進那屋子裡面，他提了水，
他走進那屋子裡邊，他開始做菜，
他開始烹煮各式各樣好吃的東西。
他做了，然後他做好了，他做好了各式各樣的食物。
他走進那屋子裡面，他提了水，
他走進那屋子裡邊，他開始烹飪，他開始做菜，
他開始做了各式各樣好吃的東西。
他做了，然後他做好了，他做好了各式各樣的食物。
他把它按照一般熟知的順序，將食物擺放好。
他把所有的食物都放好了，然後他坐在妻子的位子上。
他讓自己坐在伴侶的位子上，他讓自己的背向著門口，

他披著的頭髮面向門口，他自己的臉則面向內側。

帕南培從山上回到家裡來，
家裡面變得非常乾淨，家外面也變得非常乾淨。
帕南培因此察覺到佩南培準備要惡作劇。
帕南培從窗子外面偷看，
看見那些菜，那些食物，全都擺放好了。
家裡像神居住的地方一樣美，
所有東西收拾得整整齊齊，閃著清潔溜溜的光輝。
他又看見在妻子坐的位置上，坐著一位少女。
他察覺是佩南培在爐側扮成一位少女坐在那裡，
這個少女的背面向門口，少女的頭髮面向門口，
少女的臉面向內側，這是一個多美麗的女子，
這女子美麗的頭髮相當滑順地披散在背上。
扮成女子的佩南培心想帕南培等一下就會鬧笑話。
而帕南培知道這少女是佩南培，內心覺得更加好笑。
帕南培一邊竊笑，一邊走進屋內，
並且和佩南培打扮成的少女交談起來。

佩南培繼續裝作少女，表現十分恭敬，
將美味的成堆的食物高舉，端給了帕南培。
帕南培也伸出雙手，表現十分恭敬，

將成堆的食物接過來，高高地接過來，低低地接過來。
帕南培吃著，吃了好幾口，是相當美味的食物。
帕南培又把剩下的食物端回給佩南培，
佩南培內心覺得這件事好笑得不得了，
所以將吃剩的食物接過來，
高高地接過來，低低地接過來。

等到兩個人都把食物吃完，帕南培立刻和這位少女說：
我們現在已經算是夫妻了，
快進去，快到裡面去！
快將屋內的兩張草席準備好吧，
快將一張草席鋪在另一張草席旁，讓我們一起睡吧！
佩南培忍著笑意走到屋內的深處，
將兩張草席準備好，
將一張草席鋪在另一張草席旁。
佩南培這樣做完，
帕南培就從後面撲上去，一下子把佩南培抱住。
帕南培的兩隻手，用力抓住了那佩南培的胸部。
他一抓下去，佩南培再也忍不住笑意，
突然跳了起來，大聲地笑著啊哈哈哈咿！
佩南培一邊大笑，一邊往爐側的末座逃去，
佩南培還沒踏出帕南培的屋子，像是個少女一樣逃開，卻在爐側的末座跌了一跤，背部朝上。

接著，佩南培不管怎麼努力，都沒有辦法掙脫帕南培，
因為比起佩南培，帕南培的技術和力氣都更強。
在帕南培的努力下，
佩南培真的變成了一個像少女的人，
佩南培真的變成了帕南培的妻子。
他們兩人感情非常好地一起生活下去。

Chapter III

光暗
交界處的
(不)死形象

影王

羅曼人

這則故事來自東歐的羅曼人（舊稱吉普賽人）。這則故事的開頭，由數個母題交織而成，例如「夢見未來的功名」以及「夢境作為不樂見的預兆」，分別於不同的孩子身上顯現。緊接著還可見到另一個母題，即在家庭裡握有權力的人，意圖「殺死擁有好夢兆的孩子，避免該預言實現」。這些母題的出現，使得這則故事在開頭的情節發展，較接近故事類型ATU930的開頭部分，但仍有許多差異。這則故事中，三個孩子獲得夢兆的時節，乃是聖約翰節前夕。聖約翰節在東歐，通常是在六月二十三日的日落之後開始，一直銜接到隔天的仲夏日。

本故事另一個著名的母題，就是「說話的馬」。在歐亞大陸各地的民間譚中，說話的馬往往扮演聰慧的角色，其掌握了許多謎題的關鍵，並提供主角足可克服難關的襄助（有時也會對主角進行幽默的譏刺）。在這一面向上，本故事的後半段，偶有與類型ATU531「聰慧的馬」具重疊之處。

哎呀，哎呀，騎在馬上時我聽到這個故事，移動時我聽到這個故事。我移動的時候聽，移動的時候聽，那個時候是由我們這個隊伍裡面，最會講故事的人講給我聽的。但是當他講故事給我聽的時候，我聽的不是很專心，所以等到我能夠講這個故事的時候，大部分的內容我已經忘記了，但是我還記得故事是這樣子的：

很久之前，有一個父親。這父親很早就喪失妻子，他獨自撫養他的三個男孩。這四個人，就在那森林邊的小屋裡面過活。就有這麼一天。終於到了聖約翰節的前夕，這四個人就聚在餐桌周圍，吃完了晚餐後，父親就和三個孩子講說：

「你們應該要到山上去，你們做夢的時候，應該到山上去。因為在聖約翰節的前夕，做的夢都會成真。上去，上到山上去吧，就像我們以前都上山去做夢一樣。」

這三個孩子就按照父親的要求，走啊，走啊，走到了山上去。睡啊，睡啊，各自做了一個夢。那個大哥，他睡著，睡著，夢到自己變成了一個乞丐，到處要飯都要不到。快要餓死的時候，突然遇到了一個年輕人，給了他一大堆的金子，讓他活了下來。

二哥也做了一個夢，他夢到自己不知道為什麼被綁上了絞刑台，差一點就要被處死的時候，一個年輕人恰好經過，把他救了下來。這年輕人身旁有兩位女子，其中一位女子，選擇了二哥當丈夫。

三弟也做了一個夢，在夢中，他不但獲得了大筆的金銀財寶，而且還有一個非常美麗的女子，選擇他當丈夫。

這三個孩子作完了夢，回到家裡去，紛紛把自己的夢境告訴了父親。這父親趁孩子就寢的時候，偷偷地把大哥和二哥找了過來，說：

「把你們的弟弟帶到山上去，殺了他，殺了他吧。你看看，三個兄弟，只有最小的弟弟獲得了一堆幸福，大哥要乞討，二哥要被綁上絞刑台，事情怎麼可以這樣呢？應該要讓這個夢沒辦法實現才對。」

大哥和二哥聽了這件事，就在清晨把自己的弟弟搖醒，說是要去森林裡邊採些東西，獵點東西。他們三個兄弟走啊，走啊，走啊，走啊，走啊，走著。但是這大哥一邊走，一邊想著：「不，不是這樣，這夢的重點，不是在乞討，而是在獲救！」

大哥把自己的想法和二哥說了，覺得不應該把自己的弟弟殺死，因為我們的夢最重要的部分，不是前面，而是後面。二哥聽了覺得有道理，於是就跟弟弟說：

「現在在這森林深處，趁著沒人看到，你自己趕快逃走吧，我和大哥會想辦法。」

弟弟走遠後，大哥和二哥在森林裡抓了一條野狗，殺了之後，將狗的心臟、肝臟和腸子拿回家，和自己的父親說：

「這是我們弟弟的心臟、肝臟和腸子。」

父親聽了之後，稍微放了心，就將內臟隨手扔了。而逃走的弟弟，在森林裡一邊走一邊跑，一邊走一邊跑。在天色漸漸暗了的時刻，弟弟恰好遇到一間小木屋。他在小木屋外面敲了敲門，咚咚咚，咚咚咚，沒人回應。於是這弟弟自己打開了門，走了進去。他發現屋內有兩個女孩，坐在桌子旁邊，兩個女子的眼睛都閉著，似乎看不到。他又走近一點看，發現這兩個女子，沒有腿，沒有膝蓋，沒有腳。兩個人在餐桌旁邊靜靜地坐著，等到弟弟走近這兩位女子旁邊，這兩位女子一起張開了眼睛，將臉朝向弟弟，眼眶中沒有眼珠。其中一位女子這時開口說：

「啊，是誰，是誰呀？」

另外一位說：

「啊，你從哪來的呀？」

於是這位弟弟就一五一十地說，他們三兄弟如何在聖約翰節前夕上山去睡覺作夢，如何在清晨還沒睡飽就被兩

個哥哥搖醒，又被哥哥帶到了森林裡邊去，如何逃到了這裡來。這兩位女孩聽了，沉默了一會兒。

（沉默）

她們就齊聲和這位小弟說：

「啊，你就留在這吧，留在這吧。你看看，這餐桌的中央，不是有一只金色的盤子嗎？這金色盤子裡的東西，你吃完了，自然會補滿。你吃完了，就放著，吃完了，就放著。盤子裡的食物自然會補滿，你就不用擔心餓肚子。此外，你只要幫我們姊妹倆，早上換成黃色的衣服，晚上換成紅色的衣服，白天的時候，帶著我們的那匹白色母馬去森林晃一晃，就好了。其他就沒有你需要做的事了。

於是這弟弟，和這兩位女孩非常快樂的住在一起。白天幫她們換上黃色的衣服，晚上幫她們換上紅色的衣服，有時一邊換衣服，一邊做點其他的事。白天的時刻，弟弟帶著那匹白色的母馬去森林裡晃晃，晚上回到房間裡休息。

就有這麼一天，也就是過了幾個月左右吧，那匹母馬突然張口說話了：

左圖：群 繪製

「年輕的先生，我想我們認識了幾個月，也有點交情了，所以我想和你講點話。事情是這樣的，那兩個姊妹之所以眼眶裡面沒有眼珠，雙腿的地方沒有腿、沒有膝蓋、沒有腳，是因為她們的眼睛、她們的腿、膝蓋和腳，都被影王給拿走了。今天，其實是影王拿走這些東西將滿第九年的前一天。到了明天，這些東西就全都拿不回來了。不知道你願不願意幫這個忙，殺死影王，拿回我們的東西。」

年輕的男孩聽了，就問說：

「影王要怎麼殺死呢？」

「我來告訴你方法。首先我們先到山腰去砍柴，砍很多柴，最好多一點，多到能夠把我們圍在中間。接著到山頂上去，高高的山頂上去，你來幫我擠奶，把這馬奶啊，擠啊，擠啊，擠啊，多擠一點，擠到那馬奶能夠變成一個小小的馬奶池啊！然後你把自己泡進去，泡進馬奶裡，全身都要泡進去，連眼睛啊、鼻子啊、耳朵啊、頭頂啊，都要完全浸到馬奶裡邊去才行。你一定要記得這件事！泡完了馬奶，之後的事就不用煩惱了。」

於是這位年輕男孩，就拿了斧頭，先到山腰去砍柴，砍了很多柴。接著爬到山頂上去，開始幫母馬擠奶，杜、杜、杜地擠奶，扑、扑、扑地擠奶，杜、杜、杜地擠奶，扑、扑、扑地擠奶。馬奶在地面流，馬奶在草叢之間流，馬奶在樹木之間流。流到了山谷裡，越積越高，越積越深。擠到變成了馬奶池之後，年輕的男孩把整個人泡進去，連同嘴巴、鼻子、眼睛、耳朵、頭頂，全都浸到馬奶裡邊去了。就在他浸完馬奶，把頭伸出馬奶池的瞬間，黑夜降臨，影王從上下左右四處包圍著他們。等到這母馬和男孩意識到的時候，他們兩個都已經在影王的胃裡了。

這時母馬就說：

「好了，你浸泡完馬奶之後，再也不怕火燒了。現在我們這裡有一大堆柴，你就點火吧，點火吧！」

於是這位男孩拿出了懷中的打火石，就開始擦、擦地點起火花，擦、擦地點起火花，不久在影王完全黑暗的胃裡面，就聽到了噼噼啪啪，噼噼啪啪的燃燒聲。噼啪響聲不久之後變成了電的聲音——就像冬天的時候，摸東西被電到的聲音——電的聲音不久之後變成了雷鳴，最後是天空落雷的響聲。他們這樣一邊燒啊，一邊聽啊，最後整個胃裡面充滿了濃煙和雷鳴。

不知道過了多久，這男孩昏厥了過去。等到醒來的時候，只見自己身邊一圈一圈，全都是金銀財寶，亮得像白天一樣。那母馬和他說：

「恭喜你啊，看來影王已經被你燒死了。現在你看見的，都是影王以前吞下的財寶。把這些財寶拿走吧。啊，男孩，你快打開那個麻布袋，對，在那邊的麻布袋，快，快點打開！那個麻布袋裡面，是否裝著辮子？是否裝著兩對眼珠？是否裝著兩雙大腿？是否有四只膝蓋和四只腳掌？快拿出來，快拿出來！」

在母馬的催促下，男孩走到金銀財寶中的一處，拿起了麻布袋並且打開袋子，看到了一條辮子，看到了兩對眼珠，看到了兩雙大腿，看到了四只膝蓋和四只腳掌。男孩一把辮子拿出來，母馬立刻一口搶過去，嚼也不嚼地吃掉辮子，牠立刻變成一個年長的女子。她用非常壯碩而有力的聲音說：

「好啦！這才是我本來的樣子。現在你趕快幫我兩個妹妹恢復原狀！把眼睛塞進去！把腿、膝蓋和腳裝回去吧！」

於是這個男孩就把眼珠裝回兩位女子的眼眶裡去，把腿裝上去，膝蓋裝上去，腳裝上去，果然這兩位女孩恢復了原狀。這年輕的男孩，就和三位女子，帶著一大堆金銀財寶，離開了森林。一離開森林，那位最年長的女子，就像馬一樣奔騰而去，不見蹤影了。

剩下他們三個人走啊，走啊，走到了一個城鎮。他們看到了一個非常可憐的乞丐，這個乞丐不管向誰乞討，都沒有人要理他。這時年輕的男孩一看，就說：

「哎呀，這不是大哥嗎？」

大哥一聽到弟弟的聲音，驚喜地說：

「哎呀，是我的弟弟！你怎麼在這兒！」

原來是因為當這兄弟倆回去，把那心臟、肝臟和腸子拿給父親看之後，父親就很放心。不知道為什麼，父親放心之後，再也不想做任何工作，或者是說，做什麼都做不久，沒力氣做，沒多久就死在家裡。在那之後，這一對兄弟就開始過上非常倒楣的生活，做什麼都失敗，中間也失散了。最後，大哥只好在這個城鎮裡乞討。弟弟聽完，就問說：

「既然大哥在這兒，那二哥呢？」

「我不知道他在哪，也不知道他在做什麼。」

弟弟將影王的財寶的一部分，分給了大哥之後，又與兩位女子繼續趕路，尋找失散的二哥。趕著，趕著，趕著，趕到了另外一座城市。他們在城門附近的廣場邊，發現了絞刑台，絞刑台上面架著的人，就是他的二哥。

男孩看見此事，立刻把財寶拿出來，賄賂那位看守的士兵，要他把二哥放下來。本來士兵還不願意，但手上財寶越來越多，越來越重，最後拿不動了，只好把二哥放了下來。他們兩個人立刻相認了彼此。

「二哥，你怎麼會發生這種事呢？」

「弟弟呀，我和大哥走散之後，在這裡幫人牧羊。結果前些日子在放牧時，不小心打了個瞌睡，結果有一半的羊被偷羊賊給偷了。那羊的主人非常生氣，就把我抓去審問。就這樣，我因為打了個瞌睡，被送上絞刑台。幸好你來救我了。果然那夢的重點不是前面，而是後面啊！」

那二哥一邊哭，一邊這男孩身旁的一位女子，看著二哥，就感動地說：

「以後只要我陪著你，你就再也不會發生這種事了。」

二哥不可置信，但那女孩意志堅定，於是女孩就與二哥結了婚，離開城鎮去別的地方定居了。至於弟弟，這位年輕的男孩，就和另外一位女子，帶著用不完的金銀財寶，過著幸福快樂的日子。

至於以後的事情，那就不是我能夠知道的了。這個故事就是講到這。其他還有很多的細節，我已經忘記了，這都是因為我記性不好。要是有人有聽過，聽過以前的人跟他講的這個故事，就來和我說吧。

月亮上的老婆婆

巴布亞新幾內亞

❝

重述自巴布亞新幾內亞東部濱海區域的民間譚。此故事類型屬於ATU751E*「月亮上的人」。不過，ATU751E* 涵蓋的範圍非常廣，此類型底下包含很多情節具顯著差異的故事文本。在該類型的故事文本群中，可見各式各樣的角色以不同的方式登上月亮，或始終居住在月亮上。例如持有具永生效力的藥用植物而登月的人（緬甸、越南等）[1]，或是因製作釘十字架的鐵釘而被追殺的鐵匠逃到月上（羅姆人）等[2]。在本故事中，主角是以搭乘棕櫚科的樹木抵達月亮。「藉由樹的伸縮、搖晃而進行神奇的移動」此一母題，大量出現在美拉尼西亞、巴布亞新幾內亞、印尼與南亞。在這些地域中，若故事以海島或濱海地區為故事舞台，則其中的角色，不時藉由棕櫚科的植物——包含椰子、檳榔等——進行跳躍式或彈射式的移動。

另外，此故事的另一個較為關鍵的母題，便是「愚笨的人模仿幸運的人」，此母題廣泛分布於世界各地，同時也可見於本書〈川下端的人，川上端的人〉篇章。

❞

從前有一個年輕力壯的哥哥，他是一個非常愛打獵的人，非常愛打獵，每天都在打獵。他喜歡出門，只是為了去打獵。

有一天，他看到一棵結實纍纍的果樹，每顆水果都十分飽滿。而且這果樹上面，數不清有多少隻的鳳頭鸚鵡，全都在樹上專心地吃水果。於是這哥哥就想：「水果這麼多，鳳頭鸚鵡這麼多，一定都很好吃！」一邊想，一邊就自己爬到了附近的一棵非常高的樹上去。在這棵樹的樹頂，準備用樹枝和樹葉，搭了一處掩蔽自己的地方。在這掩蔽處中，拉弓射箭，也不容易被鳳頭鸚鵡察覺。於是，他就找來大小不同的樹枝，各種草梗，搭，搭，搭，搭了起來。他又在上面灑滿了落葉和新鮮的葉子，這樣一來，看著掩蔽處，也看不到掩蔽處。

這哥哥待在這掩蔽處裡面，從樹枝間的縫隙，拉弓去射那些鳳頭鸚鵡。射！一箭就命中一隻鳳頭鸚鵡的頭。可是這鳳頭鸚鵡很奇異，明明頭被一箭貫穿，可是往下墜落的時候，這鳥卻是「喔～呦～呦～呦～」地叫。

---

1 參見Nguyễn Đổng Chi 整理的故事文「Cây thuốc cải tử hoàn sinh hay là sự tích thằng Cuội cung trăng.（藥樹起死回生或阿拐在月宮的故事）」。

2 參見：Wood, Manfri Frederick. (1973). *In the life of a Romany gypsy*; edited by John A. Brune, illustrated by Andrew Young.London, Boston: Routledge & K. Paul. p.74-75.

（右手向外以波浪式擺動）

鳥向旁邊飄去，飄到哪裡？飄到一棵棕櫚上。而且這鳥就卡在棕櫚樹上面，沒有落到地上。這哥哥眼見此景，想著：這狀況還真少見，那我再射下一隻吧。拉弓射箭，箭又貫穿了一隻鳳頭鸚鵡的頭，但這隻鳥往下墜落的時候，就和剛剛一樣「喔～呦～呦～呦～」。

（右手向外以波浪式擺動，可做出一些變化）

「喔～呦～呦～呦～」，又往旁邊飄，飄到了棕櫚樹上，這鳥再度卡在棕櫚樹上，仔細一看，似乎不是卡在棕櫚樹上，甚至像是浮在上面，再怎麼等也都不會落到地上。在這之後，不管這哥哥射下多少隻鳳頭鸚鵡，整棵果樹上的鳳頭鸚鵡都快被射完了，所有被射下的鸚鵡，仍然都是「喔～呦～呦～呦～」地飄到了棕櫚樹上，大隻一點的，小隻一點的，肥一點的，瘦一點的，全都飄到了同一棵棕櫚樹上，卡在那裡，浮在那裡。這太奇怪了，哥哥心想：這是發生什麼事呢？就從掩蔽處出來，爬下樹，將自己的弓和箭放在樹下附近的一顆岩石上，想說要爬到棕櫚樹上一探究竟。

不料他一爬到棕櫚樹上，就發現棕櫚開始變高，好像是他一邊爬，棕櫚就一邊長高似的。爬，爬，爬，爬，爬，那棕櫚樹就高，高，高，高，高，高，高，高高高高高！但爬著爬著，哥哥才發現那棕櫚樹已經高到像是整棵飛起來，離開了地面。等到哥哥費了好大的心力，終於爬到棕櫚樹頂的時候，他發現樹頂已經抵達了月亮裡面，到了天上的月亮，圓圓的月亮裡面。

哥哥爬下棕櫚樹，一腳踏上月的時刻，突然聽見樹葉搖晃的聲音。哥哥回頭一看，棕櫚樹不知何時已經退開，變得小，小，小，小，小，小小，小小小小小！原來是棕櫚樹已經回到了原本所在的地面，變得無比遙遠，哥哥看著自己原本所在的地方那麼小，那麼遠，自己放在石頭上的弓和箭，都變得很小。哥哥心想，看來大概是回不去了，他四處看，都是沒看過的風景，他的身體開始發抖，抖抖抖，抖抖抖，抖抖抖。抖著，抖著，哥哥找了一個不算能躲的地方躲著，躲著，躲著。

（停頓）

突然不知從哪裡走來一個老太太，這老太太越走越近，越走越近，走到了哥哥躲藏處，就將一些不知道是什麼東西，一些碎屑或雜物，扔在哥哥身上，撒在哥哥身上。然後打著手勢，要哥哥跟著老太太走。他們走，走，在月的裡面走，走到了老太太住的房子。老太太靜靜地說：

「你剛剛獵了很多鳳頭鸚鵡吧，那堆鸚鵡都跟著那棵棕櫚跑到了月亮裡面。我已經把那全部的鳳頭鸚鵡的羽毛都拔掉了，好吃的部分也都用煙燻過了。我就把這些吃的放在這。」

老太太生起火，哥哥看著火，但還是怕並且還在發抖。老太太說：

「別怕，來這裡，坐在火旁，把手變熱，把腳變熱。別怕，我不會吃你，也不會煮你。」

老太太烹調了一些食物，和哥哥一起吃了。吃完又說：

「晚一點，會有一些人來唱歌跳舞。」

老太太和哥哥就在房裡等著。

（停頓）

等待的時候，老太太繼續把那些被狩獵的鳳頭鸚鵡的羽毛拔掉，煙燻鸚鵡的肉，排列在一旁。不久，月亮裡的夜晚來了，哥哥聽見了歌和舞的聲音，鼓的聲音。

邊恩 邊恩 邊恩 邊恩 邊恩 邊恩 邊恩 邊恩
邊邊恩 邊恩 邊邊恩 邊恩 邊邊恩 邊恩 邊邊恩 邊恩

聽見這聲音啊，哥哥就往屋外看，一群又一群的人來了，他們唱歌，他們跳舞。哥哥就問老太太：

「這些人是從哪裡來的？他們怎麼出現的？我剛來的時候，根本沒有人，附近也沒有房子。他們到底是從哪裡來的呢？」

老太太笑笑地說：

「他們住在別的地方。」

老太太沒有說的是，因為這些人不是人，這些人是星星。天上的星星裝扮成人的樣子，跑來這裡唱歌跳舞。它們一直唱，一直跳。跳到中途，它們紛紛把其中一隻腿拔下來，折下來，放在火上烤，放在火上燻，似乎聽從著老太太的指揮。等到剩下的那隻腿跳累了，再把燻烤的腿裝回身體上，把累了的腳拔下來、折下來，放在火上烤，放在火上燻。這些星星人，聽從著老太太的指揮。

直到天亮，老太太要那些人把腿裝回去。那些星星人回去了。老太太也把哥哥送回房裡。哥哥就這樣，住在老太太那邊，住了二十天，住了三十天。地上的媽媽一直在找哥哥，爸爸也在找哥哥，怎麼找都找不到，他們想哥哥大概死了，於是舉辦了一場筵席，他們吃，並且哀悼他。他們哭，哭得很久，哭得很慟，他們想哥哥真的死了。

在月亮裡的哥哥還一直和老太太住在一起，過了一段時間後，哥哥想回去，老太太也想要把他送回去。不過在送回去之前，老太太和哥哥說：

「在你回去之前，你必須要爬上月亮樹的頂端，從藤蔓摘果子下來。但是要記得，絕對不能摘紅的果子，也不能摘黃的果子，只能摘綠的。你必須摘整顆都是綠的果子。」

那時大概是清晨，天快要亮的時刻，哥哥和老太太走到了長有高大的月亮樹的庭園。哥哥按照老太太的吩咐，爬到了月亮樹的樹頂，避開了紅色的果子，避開了黃色的果子，找到那些整棵都是綠的果子，摘了下來，並且爬下樹。樹很高，他爬得很慢，樹皮磨破了哥哥的皮膚，他留了一些眼淚。他爬著，爬著，他感到眼睛很痛，痛到受不了，哥哥伸手搓了右眼，搓了，搓了，這下子痛才停止。哥哥下了樹，把果子交給老太太，老太太和哥哥說：

「現在，把這些果子收好，藏好。」

哥哥和老太太走回他們的房子附近。老太太和他說：

「現在，打開門吧。」

哥哥打開了門，看見兩位非常美麗的女子，坐在屋內。那兩位女子看著哥哥微笑。哥哥的牙齒一直發抖，咯咯地發抖，咯咯。他好像很開心，他好像很害怕。老太太說：

「這兩位女子就是你的妻子。把收好的綠色果子給她們吃吧！」

哥哥看著這兩位妻子，他非常的高興，他把綠色果子給他們吃。但這時，哥哥也發現自己的右眼看不太清楚了。他的左眼還看得清楚，但他在樹上時搓了右眼，現在右眼看不太到了。那個晚上他和兩位女子一起睡覺，睡到了隔天清晨。現在到了哥哥要回去地上的時間了。老太太遠遠地看著那棵地面上的棕櫚，老太太伸出手，用手指拉住了棕櫚的葉子，拉著，拉著，讓棕櫚的葉子拉到月球裡面，然後叫哥哥與他的妻子一起坐到棕櫚葉上。老太太一鬆手，哥哥和兩位妻子就跟著棕櫚一起回到了地面。

哥哥先把兩位妻子藏在一棵巨大的芭蕉樹的樹下，自己先走了回家。哥哥的家人看到他，哥哥的爸爸和媽媽看見他，立刻歡叫起來！他們立刻舉辦了筵席，還殺了豬，哥哥看大家吃得很高興了，才把兩位妻子帶回家來。哥哥的父母看了非常開心，兩位妻子看起來都很好！

這哥哥有一個弟弟，弟弟就問說：

「你怎麼會有兩個妻子？趕快和我說清楚！」

於是哥哥就開始說他怎麼狩獵，怎麼用弓箭射鳳頭鸚鵡，這些鳳頭鸚鵡如何落到棕櫚上，他怎麼跟著棕櫚抵達月亮裡，遇到了老太太。他怎麼遇到一群歌唱跳舞的人，怎麼上樹採果子，怎麼用壞了自己的右眼，怎麼回來。弟弟聽了，也很想去月亮裡面。於是弟弟就帶著自己的弓和箭，跑去那棵結實纍纍的果樹那邊，樹上仍然有數不清的鳳頭鸚鵡，全都在樹上專心地吃水果。

弟弟爬上隔壁的一棵樹，躲在哥哥搭好的掩蔽處裡面，拉弓射箭，射！一箭就命中一隻鳳頭鸚鵡的頭。可是這鳳頭鸚鵡也和先前一樣，「喔～呦～呦～呦～」。

（右手向外以波浪式擺動）

鳥向旁邊飄去，飄到哪裡？飄到一棵棕櫚上。弟弟射了好幾隻，鳳頭鸚鵡也都飄了過去。弟弟按照哥哥的方法，將

弓和箭放在樹底下的石頭上，自己爬上棕櫚。一邊爬，棕櫚就一邊長高，一邊飛高。爬，爬，爬，爬，爬，那棕櫚就高，高，高，高，高，高，高，高高高高高！弟弟就這樣到了月亮裡，遇到了同一位老太太，去到同一間房子，吃同樣的食物，用同樣的火溫暖手和腳。

不久到了晚上，星星變成的人都到了附近來，圍著火堆跳舞。它們紛紛將一隻腿折下來，放在火上烤，放在火上燻。等到剩下的那隻腿累了，就折下來放在火上烤，同時也把烤過的腿裝上去。弟弟覺得那腿好香，好香！弟弟湊了過去，在它們繼續吃飯跳舞的時候，偷偷把一隻腿拿來啃。

等到星星人發現即將天亮，準備要離開的時候，所有的星星人都找到了自己的腿，裝回身體上。唯獨有一個星星人找不到自己的其中一隻腿，那位星星人發現自己的腿被弟弟吃掉，非常的憤怒，就用刀子殺了弟弟。星星人把弟弟的屍體隨手一甩，甩回到弟弟家鄉所在的地面。

左圖：群 繪製

弟弟的身體一碰觸到地面，就變成了狐蝠。弟弟變成的狐蝠飛，飛，飛，飛回了故鄉城鎮，飛到了哥哥看得見的地方。哥哥看著狐蝠，看了幾秒，發現那是弟弟的屍體變成的動物，得知弟弟已經在月的裡面死去。哥哥想弟弟大概是被殺了，哥哥非常傷心。就這樣，故事已經說完了。

楊雨樵說書現場

是女或是男？

希臘

“

重述自希臘的民間譚。此故事及其多個異文的版本，曾被視為是故事類型ATU514「性別轉換」，或是ATU884「被遺忘的未婚妻：作為僕從服侍他人」。但希臘的口傳文學學者審視情節並進行分析後，認為應該要將此故事文本歸於新創的ATU884D「有個王有三個兒子，另一個王有三個女兒」。在這類型底下，都會有兩個王，兩個王各有三個（或五、七、九、十二個）公主或王子，其中最小的公主將扮成男裝，通過考驗[1]。順帶一提，同樣新創的鄰近編號ATU884C為「女孩從軍」[2]。這類型中，就有一些中亞與內亞出現過的情節：家中的女子代替年老的父親前往戰場，而不被發現自己的女子身分。在上述幾個故事類型中，「對性別的測試」此一母題經常出現。測試的內容，多半是蓄意以摻有刻板印象的選擇題來挑戰女扮男裝的主角，而主角則經常輕而易舉地（或時而驚險地）通過測試，期間偶爾會伴隨有神奇動物（例如小狗）的幫助。在語料採集上，可注意到：許多故事的講述者在描摹男子如何測試女扮男裝者的性別時，往往會加上帶有喜劇色彩的對白，且讓故事中角色的情緒、行動都帶有多層次的複雜表現。

”

從前有兩個國王，他們倆是兄弟。哥哥國王年紀大一些，身體大一些，掌握的國土也大一些，並且育有九位女兒。弟弟國王年紀小一些，身體小一些，掌握的國土也小一些，育有九位兒子。這兩位國王住在同一座王宮裡，王宮大致分成一半，但哥哥國王的那一半稍微大一些。在王宮頂端可以俯瞰國土的露台上，有一張金王座，和一張銀王座。哥哥國王心情好的時候，就會坐在金王座上，而弟弟國王只能坐另一張。相反的，哥哥國王心情差的時候，就會坐在銀王座上，而弟弟還是只能坐另一張。

所以不意外地，弟弟國王很嫉妒哥哥國王，並且凡事都想要和哥哥國王作對。不只如此，弟弟國王還想處心積慮激怒哥哥國王，讓哥哥國王有點困擾，畢竟他不想對自己的弟弟動怒。每當哥哥國王很生氣的時候，都會去找自己最小的女兒談天。哥哥國王的九個女兒裡面，最小的女兒不僅最伶俐、最漂亮，也最機智，什麼事情都難不倒這女孩。

有一天，兩位國王都來到了露台上，哥哥國王心情不錯，就選了金王座來坐。弟弟國王看到他，起了嫉妒之心，

---

1 Megas, G. A., Angelopoulos, A. (2012). *Catalogue of Greek Magic Folktales*. FFC303. Helsinki: Academia Scientarum Fennica. p.189-197.

2 Ibid., p.187-189.

就故意說：

「早安，哥哥，代我向你的九頭母豬問好。」

哥哥國王聽了很不高興，想說弟弟何必這樣說自己的女兒呢？但他沒有回嘴，只是起身坐到了銀王座上。

隔天，兩位國王也來到露台上，弟弟再次說一樣的話：

「早安，哥哥，代我向你的九頭母豬問好。」

哥哥國王聽了更不高興，但仍然沒有回嘴，只是靜靜坐在銀王座上。

再隔天，哥哥國王又被弟弟國王這樣說了一次，哥哥國王心情跌到谷底，就又去找自己最小的女兒聊天。國王見到女兒，沒有說什麼，只是一直嘆氣。女兒說：

「父王，發生了什麼事？」

沒有回答，只有嘆息。

「父王，發生了什麼事呀？」

還是沒有回答，只有更多嘆息。

「父王，我一定會幫你想個辦法，但你一定要說出口，我才知道要怎麼幫你。」

哥哥國王在小女兒的勸告之下，才把事情一五一十地講出來。小女兒一聽，就說：

「這很容易啊，對方說我是母豬，那就回說『早安，弟弟，代我向你的九頭公豬問好』就好了。」

「說得也是，奇怪，我怎麼先前都沒想到呢！」

於是到了隔天，弟弟國王果然又對哥哥國王說了一樣的話，哥哥國王就回嘴說：

「早安，弟弟，代我向你的九頭公豬問好。」

弟弟國王立刻反擊，好像早就等到這句話似的：

「就算我的兒子都是公豬，也比你的母豬強。畢竟他們一定能夠找到生命之水，而你那些母豬找不到。我早就派了七個兒子裡面，最有能力的一個出發去找生命之水啦！[3] 哈哈哈哈哈！」

哥哥國王生氣地把這句話轉達給小女兒，小女兒二話不說，立刻起身整裝，並要求父親幫自己準備兩套男子的正式服裝與一套獵裝。哥哥國王一直想要阻止小女兒離開王宮，但小女兒心意已決，俐落地開始準備尋找生命之水的旅程。小女兒穿上男裝，全身打扮成一個英俊王子的模樣，備妥馬匹與食材，沒兩下就衝出門去，哥哥國王根本攔不住。

右圖：群 繪製

3　生命之水，原文為「ὕδωρ ζωῆς」。

這穿著王子衣服的「王子」，朝著據說有生命之水的方向前進。走沒多久，就遇到了一條不大也不小的河。只見弟弟國王的那位很有能力的兒子，正蹲在河邊，用一枚堅果殼在舀水，因為那人相信：只要持續用堅果殼舀水，河水水位就會降低，他就能走過去了。騎在馬上的「王子」眼見此景，也沒多說什麼，自己取了弓和箭，瞄準河的正中央，一箭射入河心，轉瞬間，河的水就乾了。「王子」趁著水乾，立刻疾馳過河道，下個瞬間，河水又再度漫漲。那位用堅果舀水的男子說：

「也讓我一起過河去吧？」

騎在馬上的「王子」說：

「我都能輕鬆過河了，你怎麼會不行呢？」

說完就立刻上路。

「王子」騎著馬一直走，一直走，不知道走了多遠，終於來到了北風之神居住的國度。人們說生命之水，正是北風之神所擁有的寶物。這年輕的「王子」朝著那國土中唯一一棟城堡前進，那城堡所有的門窗都是開著的，沒有什麼衛兵，也沒有什麼僕人，不管走到哪，那城堡都空蕩蕩的。走到最後，終於看見城堡的大廳內有一位婦人在那裡打掃著。

「您好，夫人。」

「真是有禮貌的小夥子，年輕人，你來這裡做什麼？」

「我的父親，也就是國王，他病得很重，我很擔心他。所以想來這裡取一些生命之水回去，治好我父親的病。」

「你真是一個體貼的孩子。不過，親愛的年輕人，我們這裡雖然有生命之水，但那水是由我的兒子在管的，要是我就這樣給你，一定會讓他非常憤怒。所以，請在這裡等他回來，讓我問問他的意見。」

「這沒問題。」

那老婦人拍了「王子」的肩膀一下，這「王子」立刻變成了一只精緻的茶杯。老婦人端詳了一下那只茶杯，然後就找了個碟子、茶匙和種種餐具，來和這茶杯搭配，布置好一整組喝茶用的器具。接著，便坐在茶几旁，靜靜等待兒子回來。沒過多久，城堡裡的所有門窗都響起了呼呼的風聲，一眨眼，一位相當勇壯的男子已經坐在茶几邊，神情相當嚴肅而冷淡。那老婦人首先起身泡茶，茶泡好了，就走到那男子身邊，一邊摸著他的頭髮，一邊說：

「我的兒子，北風，如果今天有位王子來我們家作客，你會怎樣對待他？」

北風聲音壯碩粗啞，稍微有點粗魯地說：

「不會怎樣，母親，憑著我手臂的毀滅之力發誓，我不會讓他遭遇危險。」

於是老婦人將那只茶杯，變回了原狀，只見一位相當俊美乾淨的王子，站在茶几旁邊，向北風致意。

「你是誰？」

「我是一位從遠方來的王子，由於我父親生了重病，希望你能給我一些生命之水，讓我拿回家治好我父親的病。」

「你是個好人。沒問題，我可以把生命之水給你。不過，生命之水離這裡有點遠，你得等我一段時間，這幾天你先在這城裡休息吧。」

隔天用早餐前，趁著那「王子」還沒起床走出寢室，北風就低低地和母親說：

「那王子是女人。」

「怎麼可能，我怎麼看，他都是個王子。」

「我憑我男人的眼睛發誓，他是個女人。」

「我憑我女人的眼睛發誓，他是個男人。」

「不可能，絕不可能，母親，他一定是個女人。但我要怎麼證明才好呢？」

「這還不簡單，你就帶他到花園裡，如果他忍不住摘了一朵花，那他可能是個女孩，可能。」

這時，「王子」走出了房門，北風和母親先裝作沒事的樣子。他們吃完了早餐，北風就提議：是否要一起去北風花園逛逛？北風的國度雖然比較冷，但花園還是有相當多珍奇的花。「王子」點頭答應。於是北風和「王子」就到花園裡散步，那花園主要是由北風的母親在照顧，北風介紹了相當多種花，並且在一叢最美的花前面停了下來。北風說：

「如何，想摘朵花嗎？」

那「王子」輕蔑地笑了一下，且說：

「摘花？哼，那是小孩子的樂趣。我對花沒什麼感覺，你應該也是。」

北風回到城堡內，老婦人就問他是否有發生什麼事，但北風很不高興地說：

「什麼事都沒發生！」

「你看吧，兒子，他徹頭徹尾就是一名王子，還是個可愛的小夥子。」

「不可能，我不信！他一定是女人！」

「那不然你帶他去我們城外的那間雜貨店吧，那間雜貨店什麼都有賣，也有賣一些很漂亮的衣服。你就看他最後買了什麼，就會知道我是對的。」

北風聽了，覺得也沒其他辦法，就又煩躁又有禮貌地邀請「王子」和他一同去城外的雜貨店逛逛。那間雜貨店畢竟是北風國度的雜貨店，有賣人類能用的東西，也有賣不是人類能用的東西，還有滿多叫不出名字的怪東西，同時也有一整櫃的美麗衣服，可以讓客人慢慢挑選。雜貨店的老闆不太在意客人，當然也不在意城主北風帶客人跑來店裡閒逛。北風故意把「王子」帶到充滿美麗衣服的櫃子前面，問他說：

「如何，有沒有想買的衣服？」

「如何？北風閣下，你且看看我身上穿的衣服，你覺得我會買這個櫃子裡的衣服嗎？應該不太合適吧？」

他們什麼都沒買，就回到了城堡內。老婦人問兒子是否有發生什麼事，北風還是很不高興地說：

「什麼事都沒發生！」

「你看吧，兒子，他徹頭徹尾就是一名「王子」，但什麼都沒買，他是不是有點無趣呢……」

「不可能，我不信！他一定是女人！」

「我看我們打賭好了，和兒子打賭，贏得一些原本就是自己的東西，這也很有意思。」

到了晚上睡覺的時候，老婦人把「王子」和北風安排在同一個房間，老婦人說這樣就能少打掃一間，可以節省很多功夫。不過就在睡前，老婦人和兒子說：

「不然我們就用那個老方法吧，我會在床上鋪滿花朵。你知道我們城裡的花朵，如果是男子睡在上面，這花就算被壓整夜，也不會凋謝。但如果不是男子睡在上面，這花到了隔天早上就會枯萎了。」

「王子」到了房間，看到滿床的花，又看到北風睡在床的一側，就盯著北風看，並且問說：

「這些花是？」

「你不用管，快點睡覺。」

「但為什麼要睡在花上？」

「這是我們家的習慣，北風睡在花上，這話聽起來不是很好嗎？快睡！」

「王子」沒多做表示，靜靜換上睡衣，更衣時偷偷地在心中祈禱：「父親與母親與我同在，保佑我不會被識破。」祈禱完，就躺在滿床的花上，花朵的香氣，被微微的北風吹著。「王子」覺得這樣似乎也不錯。隔天早上起來，趁著「王子」去梳洗的時候，北風和老婦人就立刻檢查床另一側的花，意外發現那些花不但沒有枯萎，反而變得比摘下來之前更亮麗，更芬芳。北風看了更不高興，於是老婦人還是重複那句話：

「你看吧，兒子，他徹頭徹尾就是一名王子。」

「我不信……」

「這樣吧，兒子，你就帶著那王子登上階梯吧，登上那條長長的，通往城堡頂端露台的階梯。如果王子是一位女人，那麼到了階梯的一半，一定會有血從王子的身體下面流出，那血會沿著階梯往下流，你會看到，我也會看到，這樣一來，就能證明這個王子是女人。但如果這樣都看不到血，兒子，你就得接受你看到的事，因為我們已經用盡了所有方法了。」

北風聽了，就既煩躁又禮貌地邀請「王子」一起登上長長的、通往城堡頂端露台的階梯。北風抓著「王子」的手，並且說：

「這階梯很長，而且很陡，請小心。」

「王子」在心中祈禱：「父親與母親與我同在，保佑我不會被識破。」祈禱完，就放開了北風的手，爬樓梯爬得比北風還要快。但是到了階梯一半的地方，血就真的從「王子」的身體底下流了下來，沿著階梯往下流，即將要被北風看見。但這時，「王子」的祈禱產生了效果，那保佑化成了一隻不會被看見的小狗，立刻將階梯上的所有血都舔掉了。當北風趕上「王子」的時候，他已經站在階梯的頂端，階梯上什麼都沒有。

等到他們在露台上看完風景，回到原本的地方時，老婦人問北風說是否有發生什麼事，北風靜靜地說：

「什麼事都沒發生，我現在已經完全了解了。母親，我等一下要去打獵，帶王子去拿生命之水吧。」

「喔？你不去送行嗎？」

「我為什麼要去送行？」

說完，北風就頭也不回地去打獵了。老婦人帶著「王子」去生命之水的泉源取了一些，「王子」和老婦人說：

「我很擔心父親的病情，請原諒我來不及和北風道別。我想寫個短箋留給北風。」

老婦人取來了筆和紙，「王子」就在紙上寫著：

面對北風給我的考驗，
我保守著名譽而來，
我維繫著名譽而歸。
我們同床而眠，
但你並未真正了解我。

「王子」將短箋放在北風的枕頭上，簡單地和老婦人道別之後，就離開了。「王子」騎著馬，騎著騎著，回到了不久之前的那條河邊，只見那位用堅果殼舀水的男子，仍然在那裡舀著水。那男子向「王子」抱怨說：

「難道你沒看見我遭遇了很大的困難嗎？」

「王子」沒有回答，聳聳肩，取出了弓和箭，瞄準河的正中央，一箭射入河心，轉瞬間，河的水就乾了。「王子」趁著水乾，立刻疾馳過河道，下個瞬間，河水又再度瀑漲。「王子」頭也不回地朝著父親所在的王宮前進，沒多久就到了。現在，哥哥國王拿到了生命之水，開心得不得了，他坐在金王座上，但他暫時用不到生命之水。同時，「王子」也脫下了自己的裝扮，恢復成小公主的身分，待在自己的房內做想做的事。

原本故事可能就到這裡，但我們來說說北風吧。北風從外面打獵回來，還沒來得及把獵物放下，就問老婦人王子是否還在，老婦人說王子因為擔心父親的病，已經匆匆趕回去。北風哀痛地說：「他就這樣急著回去，不再和我見一面嗎……」北風回到自己的房間，看見枕頭上的那張短箋。他拿起來讀，讀完立刻失神倒在地面，因苦惱而大聲喊叫：

「我要見他！我要見他！我想要見他！」

這時，倒在地上，只剩下一口氣的北風，聽見他房外的鴿籠傳來的對話聲。鴿籠中有兩對鴿子，其中一對是老婦人養的，又壯又胖，吃得很豐富；另一對是北風養的，又瘦又暗淡，許久都沒有吃東西了。那對壯鴿子就笑瘦鴿子說：

「哈哈哈，老婦人把我們餵得好飽，不像你們這樣被遺忘。」

瘦鴿子聽了，沒好氣地說：

「被養得胖，是因為要飛得遠。有一段辛苦的旅程等著你們啦！」

一聽到這段對話，北風似乎覺得有什麼希望，就好轉了一些。可惜等了幾天，那壯鴿子也沒有要飛去哪的跡象，北風就又變得更加沮喪。就在這時，老婦人打開了鴿籠，拿著食物和那對壯鴿子說：

「吃完了這餐，你們就飛到某座城堡的某個房間的窗外，做這樣的事和那樣的事，最後把那個人給帶回來吧。」

壯鴿子聽完命令，奮力地振翅飛往小公主所在的城堡。小公主在房內做著自己的事，突然聽到窗外有振翅的聲音，似乎理解了什麼。公主把所有的侍女請出房間，鎖好門，將兩隻鴿子接入屋內，那兩隻鴿子靜靜地唱起了一段難以理解的歌謠，讓小公主甜蜜地睡著。兩隻鴿子，一隻銜頭，一隻銜腳，將整個小公主提了起來，飛出窗外，朝著北風所在的城堡前進。到了城內，老婦人輕輕地將小公主喚醒，並且領著小公主往北風長眠的地方走去。

到了北風的房間，老婦人將小公主帶到床邊，並且叫著北風的名字。不知道是什麼緣故，先前以為叫不醒的北風，瞬間就被叫醒。他睜開眼看到小公主的時候，全身裂了開來，北風的風身體裂了開來，裡面走出一位英俊端正的男子。那男子說：自己曾被詛咒，若沒有人愛他，他就會永遠是一陣強壯的北風。但現在事情不同了。

那位男子就這樣和小公主一起生活，在那度過餘生。

伊凡王子與瑪麗亞公主

俄羅斯

重述自俄羅斯的民間譚。本故事可見於厄倫范恩編纂的《人民的俄羅斯故事與謎語，由圖拉州的鄉村教師於一八六二至一八六三年蒐集》[1]，部分屬於故事類型ATU552「與諸動物結婚的少女們」，並結合類型ATU302C*「魔法馬」。在此故事中，劫奪新娘的角色是科謝伊（Кощей），此角色經常具有不死、不朽的特徵且外觀為一骷髏男性。科謝伊經常作為類型ATU302「魔怪之心藏於蛋內」等文本中的主要反派角色。不過相對於類型ATU302著重於找到殺死此不朽者的方式，下面收錄的故事則不涉及殺死科謝伊，而是騎上最快的馬脫逃。讀者在閱讀本民間譚時，可能很快就會發現此文本的敘事極度講究口頭講述技術上的重複（repitition）和堆疊（cumulative），在某些段落的重複程度已具有機械式特徵。這種特徵在俄羅斯及其他斯拉夫人的民間譚中相當常見。此並非講述上的缺陷或冗贅，相反的，在口述的世界中，大量的蓄意重複能締造講述的節奏，讓特定情節與場景扎實地構築於聽眾腦中，進而達成本故事特有的美感。

在某個國度的某個地方，曾有一位沙皇和皇后。他們育有三個女兒，以及名叫伊凡·察列維奇的第四個孩子。不久沙皇和皇后紛紛去世，孩子們必須照顧自己。

有一天，大女兒走在路上，和一位貧窮的乞丐結了婚。她牽著他的手，把他帶進王宮。弟弟對她說：

「大姊，妳為什麼帶回來一位上了年紀的乞丐？」

大女兒回答：

「這就是我的命運。」

於是，其他人接受了他，並且派人徹底搓洗他身體的每個部分，最後他變乾淨了。

隔天，二女兒走在路上，和一位少了一隻手並且盲眼的乞丐結了婚。她牽著他的手，把他帶進王宮。弟弟問她說：

「二姊，妳為什麼帶回來一位餓著肚子的乞丐？」

二女兒回答：

「這應該是我的命運。」

---

1 參見：Эрленвейн, А. А. (1882). *Народные русские сказки и загадки, собранные сельскими учителями Тульской губ. в 1862 и 1863 годах*. Москва: учеб. маг. "Начальная школа". p. 81-91.

2 與本故事文本相近的異文，亦可參考阿法納西耶夫搜集編纂的版本。見：Афанасьев, А. Н. (1984). *Народные русские сказки, А. Н. Афанасьева в трех томах*, No. 159 " Марья Моревна ". Издательство Наука.

於是，其他人接受了他，並且派人徹底搓洗他身體的每個部分，最後他也變乾淨了。

又隔天，三女兒走在路上，和一位只有一條腿，一隻手並且盲眼的乞丐結了婚。她牽著他的手，把他帶進王宮。弟弟問她說：

「三姊，妳為什麼帶回來一位少一隻手、只有一條腿並且盲眼的男人呢？」

三姊回答：

「這確實是我的命運。」

於是弟弟接受了他，並且派人徹底搓洗他身體的每個部分，最後他也變乾淨了。

他們共同在一起生活了一段時間後，三位男子就說：

「我們想各自回到我們的原本的住處了！我們在那裡生活得更習慣！」

於是三個男子分別帶著三位姊姊，各自離去。伊凡·察列維奇只好暫時與他的狗和馬相依為命。

有一天，伊凡出外去旅行，不料旅途到了一半，突然有一陣巨大的風吹來，將他的馬和狗都吹上天空去。這下子，伊凡真的只剩下他自己一個人了。他走著，走著，跟著他自己的目光，看到哪就走到哪。某日他走到一處相當陡斜的山坡旁，看到矗立在山上的一棟銅造的大宅邸。這宅邸大門上有許多隻熊以及其他詭異的、叫不出名字的東西。伊凡看到雖然有點害怕，但他說：

「我自己的命運怎樣都好。」

他走過去，推開大門進屋。在屋子裡，他穿過第一間房間、第二間房間……一直走，一直走，走到走廊盡頭的房間，意外遇到了自己的大姊。

「午安，我的姊姊。」

「午安！你怎麼會來這裡？」

「我想向瑪麗亞公主求婚。」

「勸你不要。好多人去過那裡，但能回來的人卻幾乎沒有。躲到床下吧，待會我的丈夫會回來，他是一隻有二十顆頭的蛇。」

不久，屋外一陣大風吹來，將屋頂掀開了！從外邊飛回來一隻二十顆頭的大蛇。那大蛇嗅了嗅，就說：

「去，去，什麼呀，這種俄羅斯的臭味，看來是我的弟弟來啦！」

這大蛇所有的頭往地面一撞，起來就變成一位比伊凡更俊俏的男子。他和妻子熱情地接待著伊凡，讓他吃飽，讓他喝足，又睡了好覺。隔天早上起床後，這大姊夫在伊凡的襯衫上縫了三根孔雀羽毛。伊凡看見就問說：

「這三根羽毛是做什麼的呢？」

「這三根羽毛在你需要的時候會派上用場的。」

大姊給了他一顆蛋，且說：

「等一下走出大門後，你將蛋放在地上讓它滾，蛋滾到哪，你就走到哪。」

大姊又給了他一塊蕾絲餐墊，且說：

「若你餓了，就把它攤開墊好，自然有東西吃。」

伊凡道別後，一走出大門就將那顆雞蛋放在地面上。雞蛋滾到哪裡，他就走到哪裡。那雞蛋滾上了一道非常陡峭的山坡，於是伊凡也就跟著攀爬了上去。那山坡上矗立著一棟黃金打造的大宅邸。這宅邸大門上有著許多骯髒、奇怪的東西。伊凡看到有點害怕，他心想：

「我冒然走進去，是否會被吃掉呢？」

一邊這樣想，一邊他還是走過去了。推開大門，走進第一間房間、第二間房間……一直走，一直走，走到走廊盡頭的房間，意外遇到了自己的二姊。

「午安，我的姊姊。」

「午安！伊凡，你怎麼會來這裡？」

「我想向瑪麗亞公主求婚。」

「你躲到椅子下吧，待會我的丈夫會回來，他是一隻有三十顆頭的蛇。」

不久，屋外一陣大風吹來，將屋頂掀開了！從外邊飛回來一隻三十顆頭的大蛇。那大蛇嗅了嗅，就說：

「去，去，什麼呀，這種俄羅斯的臭味，看來是我的弟弟來啦！」

這大蛇所有的頭往地面一撞，起來就變成一位比伊凡俊俏甚多的男子。他和妻子熱情地接待著伊凡，讓他吃飽，讓他喝足，又睡了好覺。隔天早上起床後，這二姊夫在伊凡的襯衫上縫了三根孔雀羽毛。伊凡看見就問說：

「這三根羽毛是做什麼的呢？」

「這三根羽毛在你需要的時候會派上用場的。」

二姊給了他一顆金蛋和一塊桌巾，且說：

「等一下走出大門後，你將蛋放在地上讓它滾，蛋滾到哪，你就走到哪。餓了的話，就把桌巾鋪開，自然就不會餓肚子。」

伊凡道別後，一走出大門就將那顆金蛋放在地面上。雞蛋滾到哪裡，他就走到哪裡。那雞蛋滾上了一道比之前都要陡峭的山坡，於是伊凡只好跟著攀爬上去，過程十分疲累。那山坡上矗立著一棟水晶造的大宅邸。這宅邸大門上有著許恐怖的東西。伊凡忍耐著，推開大門，走進第一間房間、第二間房間……一直走，一直走，走到走廊盡頭的房間，意外遇到了自己的三姊。

「午安，我的姊姊。」

「午安！伊凡，你怎麼會來這裡？」

「我想向瑪麗亞公主求婚。」

「你藏到沙發下吧，待會我的丈夫會回來，他是一隻有四十顆頭的蛇。」

不久，屋外一陣大風吹來，將屋頂掀開了！從外邊飛回來一隻四十顆頭的大蛇。那大蛇嗅了嗅，就說：

「去，去，什麼呀，這種俄羅斯的臭味，看來是我的弟弟來啦！」

這大蛇所有的頭往地面一撞，起來就變成一位比伊凡完全無法相比的男子。他和妻子熱情地接待著伊凡，讓他吃飽，讓他喝足，又睡了好覺。隔天早上起床後，這三姊夫

在伊凡的襯衫上縫了三根孔雀羽毛。伊凡看見就問說：

「這三根羽毛是做什麼的呢？」

「這三根羽毛在你需要的時候會派上用場的。」

三姊給了他一顆小蛋和一塊能飛的地毯，且說：

「等一下走出大門後，你將蛋放在地上讓它滾，蛋滾到哪，你就走到哪。餓了的話，就把地毯鋪開，自然就不會餓肚子。」

伊凡道別後，一走出大門就將那枚小蛋放在地面上。蛋滾到哪裡，他就走到哪裡。他來到一處廣闊的草原，草原上有幾頭牛，伊凡就順手抓了一隻。在城堡中遙遙看見此景的瑪麗亞公主，立刻就和身邊的僕人說：

「逮住他，把他關到監獄裡去！」

在牢裡，伊凡和幾位農夫被關在一起。農夫悶悶地說：

「他們會給你一些乾草睡覺。」

伊凡看著牢房和乾草，大聲地說：

「我可不會就這樣放棄。」

左圖：群 繪製

過了一段時間，牢房裡的大家都餓了，於是伊凡就和餐墊說：

「我又餓又渴！」

餐墊聽到了，就自己攤開來，上面自動出現各種吃的與喝的東西。每個在牢房裡的人都吃得非常快樂，越講話越吵，越笑越大聲！城堡內的瑪麗亞公主聽到牢房傳來震天的喧鬧，就和僕人說：

「監獄的屋頂都快被掀開了，是誰在牢房裡面鬧呢？」

僕人就跑來牢房問說：

「是誰在這裡鬧呢？」

伊凡回答：

「是我，伊凡·察列維奇。」

僕人聽完，就回到城堡內和瑪麗亞公主說：

「是他，伊凡·察列維奇。」

「那他在牢房裡做什麼？」

僕人又跑來牢房問：

「伊凡先生，你在牢房做什麼？」

「我有一塊餐墊，可以讓我們吃飽喝足。」

僕人又回到公主那兒說：

「他有一塊餐墊，可以讓他們吃飽喝足。」

「那我就買下來吧，這麼好的餐墊。」

僕人再度來到牢房且說：

「公主瑪麗亞·察列夫娜想要購買您的餐墊。」

伊凡回答：

「要賣可以，但我要和她面對面，眼看著眼三個小時。」

僕人轉達之後，瑪麗亞公主考慮了一下，就說：

「好吧，你把他帶來我面前。」

伊凡到了瑪麗亞面前，瑪麗亞就戴上了自己的錶。在那三小時裡面，伊凡直直地盯著瑪麗亞，瑪麗亞則直直地盯著手錶。三個小時過去了，瑪麗亞和僕人說：

「時間到了，把他送回監牢裡吧！」

伊凡回到了監牢裡，被關著的農夫就沮喪地說：

「啊，我們都完蛋了！」

伊凡說：

「別擔心這種事，讓我們繼續玩，繼續喧鬧吧！」

說完，伊凡一攤開桌巾，桌巾上的酒瓶瓶塞彈出來撞擊天花板。撞了幾次之後，城堡內的瑪麗亞公主就說：

「再這樣撞下去，那監獄就要垮了。伊凡·察列維奇又在牢內做什麼？」

僕人趕到牢房，問了伊凡，伊凡回答：

「我有一塊桌巾，可以讓我們吃飽喝足。」

僕人又回到公主那兒說：

「他有一塊桌巾，可以讓他們吃飽喝足。」

「那我就買下來吧，這麼好的桌巾。」

僕人再度來到牢房且說：

「公主瑪麗亞·察列夫娜想要購買您的桌巾。」

伊凡回答：

「要賣可以，但我要和她再度面對面，眼睛看眼睛三個小時。」

僕人轉達之後，瑪麗亞公主考慮了一下，就說：

「好吧，你把他帶來我面前。」

伊凡到了瑪麗亞面前，瑪麗亞再度戴上了自己的錶。在那三小時裡面，伊凡始終盯著瑪麗亞，瑪麗亞則始終盯著手錶。三個小時過去了，瑪麗亞和僕人說：

「時間到了，把他送回監牢裡吧！」

伊凡回到了監牢裡，被關著的農夫就沮喪地說：

「啊，我們都完蛋了！」

伊凡說：

「別擔心這種事，讓我們繼續玩，繼續喧鬧吧！」

說完，伊凡一攤開飛毯，飛毯上的酒瓶瓶塞彈出來撞擊天花板。撞了幾次之後，城堡內的瑪麗亞公主就說：

「再這樣撞下去，連這棟城堡都要散了。伊凡·察列維奇又在牢內做什麼？」

僕人趕到牢房，問了伊凡，伊凡回答：

「我有一塊飛毯，可以讓我們吃飽喝足。」

僕人又回到公主那兒說：

「他有一塊飛毯，花紋非常美，還能讓他們吃飽喝足。」

「那我就買下來吧，這麼好的飛毯。」

僕人再度來到牢房且說：

「公主瑪麗亞·察列夫娜想要購買您的飛毯。」

伊凡回答：

「要賣可以，但我要和她結婚。」

僕人轉達之後，瑪麗亞公主考慮了一下，就說：

「好吧，你把他帶來我面前。」

伊凡到了瑪麗亞面前，瑪麗亞看了看，就與他結婚。瑪麗亞·察列夫娜把城堡內各種門的鑰匙交給伊凡·察列維奇，且說：「你可以打開所有的儲藏室或房間，唯獨某個房間的門，千萬不要打開。」

伊凡·察列維奇立刻跑去打開所有的儲藏室和房間，唯獨瑪麗亞·察列夫娜說不要開的那房間例外，他這時還遵守著約定，並未打開。但不久之後，他又繞回那不可打開的房間前，想了又想，決定打開看看。一打開門，裡面恰恰好是不死之王科謝伊，他坐在一匹半骷髏的馬上，那匹馬被拴在一口大鍋爐旁。

科謝伊看到伊凡，就說：

「噢，伊凡·察列維奇！我等你很久了。快，快來幫我解開那只拴住馬的大鎖，我可以讓你逃脫三次死亡的威脅。」

伊凡·察列維奇覺得聽起來很好，就協助把拴住馬的大鎖解開了。科謝伊騎上馬，轉瞬就離開房間，且一眨眼就把瑪麗亞·察列夫娜劫走。伊凡回到房間時，問僕人：

「瑪麗亞人呢？」

僕人回答：

「科謝伊把她劫走了。」

伊凡出發去追瑪麗亞，透過馬的蹄印，伊凡找到了科謝伊的住處。打開門，伊凡發現瑪麗亞正坐在科謝伊的屋裡，並且突然間變得無比削瘦，幾乎快認不出她來。伊凡說：

「跟我走吧！」

「不行，科謝伊會追上我們。」

「沒關係，跟我走吧。」

他們就一起逃走。

沒過多久，科謝伊回到家來，發現瑪麗亞不在屋內的椅子上，就立刻問馬：

「我的愛馬呀，瑪麗亞·察列夫娜在哪裡？」

馬回答：

「瑪麗亞·察列夫娜被伊凡·察列維奇帶走了。」

「追得上嗎？」

「可以是可以，但要事先給我一塊餅和兩桶啤酒。」

科謝伊立刻給了馬一塊餅和兩桶啤酒，馬大口大口地吃喝完之後，就載著科謝伊出發。沒多久，他就輕輕鬆鬆地從伊凡那裡把瑪麗亞奪去，並回到房間內。伊凡不死心，再度回來追瑪麗亞，且對她說：

「跟我走吧。」

「不行，科謝伊會追上我們。」

「不會的，跟我走。」

那兩人才剛離開，科謝伊就立刻回來，問馬：

「我的愛馬呀，瑪麗亞·察列夫娜在哪裡？」

馬回答：

「瑪麗亞·察列夫娜被伊凡·察列維奇帶走了。」

「追得上嗎？」

「可以是可以，但要事先給我兩塊餅和四桶啤酒。」

科謝伊立刻給了馬兩塊餅和四桶啤酒，馬大口大口地吃喝完之後，就載著科謝伊出發。沒多久，他就輕輕鬆鬆地從伊凡那裡把瑪麗亞奪去，並回到房間內。伊凡不死心，再度回來追瑪麗亞，且對她說：

「跟我走吧。」

「不行，科謝伊會追上我們。」

「不會的，跟我走。」

那兩人才剛離開，科謝伊就立刻回來，問馬：

「我的愛馬呀，瑪麗亞·察列夫娜在哪裡？」

馬回答：

「瑪麗亞·察列夫娜被伊凡·察列維奇帶走了。」

「追得上嗎？」

「可以是可以，但要事先給我三塊餅和六桶啤酒。」

科謝伊立刻給了馬三塊餅和六桶啤酒，馬大口大口地吃喝完之後，就載著科謝伊出發。沒多久，他就輕輕鬆鬆地從伊凡那裡把瑪麗亞奪去，並回到房間內。伊凡不死心，再度回來追瑪麗亞，且對她說：

「跟我走吧。」

「不行，科謝伊會追上我們。」

「不會的，跟我走。」

那兩人才剛離開，科謝伊就立刻回來，問馬：

「我的愛馬呀，瑪麗亞·察列夫娜在哪裡？」

馬回答：

「瑪麗亞·察列夫娜被伊凡·察列維奇帶走了。」

「追得上嗎？」

「可以是可以，但要事先給我四塊餅和八桶啤酒。」

科謝伊立刻給了馬四塊餅和八桶啤酒，馬大口大口地吃喝完之後，就載著科謝伊出發。科謝伊這次不但輕輕鬆鬆地追到了伊凡，而且因為他三次逃脫死亡的機會已經用完，因此科謝伊揮動大刀，將伊凡斬成好幾塊，落在世界上的不同地方。另外，他仍舊把瑪麗亞奪回去，安置在自己的住處。

身體散落各地的伊凡，流出來的血沾濕了縫在襯衫上的孔雀羽毛。於是，先前那三位姊姊的丈夫感覺到了異狀，迅速飛過來，發現伊凡·察列維奇已經被科謝伊殺死了：

「哎呀，這是我們親愛的弟弟！」

恰巧在此時，屍體的上空有好幾隻鶴在飛，這些大蛇兄弟立刻抓住了其中一隻鶴，準備要飽餐一頓。但那些在天空的鶴哀求說：

「別吃我們，別吃我們的同胞，我們有辦法可以讓這個人復活！」

（停頓）

鶴朝四面八方飛走，不久又從所有的方向飛了回來，牠們帶來了死之水與生之水。這些兄弟首先將死之水灑在伊凡落在各處的屍塊上，於是每個屍塊就紛紛聚攏並黏合起來，變成了一整具屍體。接著再將生之水灑在那屍體上，伊凡就活了過來，完好如初。伊凡的那些姊夫們聚了過來，就對伊凡說：

「我們已經知道事情的始末。你想要帶著瑪麗亞逃離科謝伊，必須要有一匹比那骷髏馬更快的馬。這馬只有在芭芭耶嘎那裡有[3]。你去到芭芭耶嘎那裡，說你要照顧母馬，但最後要選馬的時候，要記得選長滿疥瘡的駒。別忘記，選長滿疥瘡的駒。」

伊凡按照三位姊夫的建議，來找芭芭耶嘎。芭芭耶嘎看見他，沒什麼反應，淡淡地問說：

「你來做什麼？」

「來替你照顧母馬。」

3 芭芭耶嘎，原文為「Баба-Яга」，過往多翻譯為「芭芭雅嘎」，今按俄文發音，譯為芭芭耶嘎。芭芭耶嘎為斯拉夫人口傳文學中經常出現的女巫，住在森林或偏遠的郊外，其居住的小屋偶爾具有雞爪。按照不同地區、不同方言與不同講述者的民間譚情節，可見不同文本中的芭芭耶嘎，經常展現出截然相異的性格、行動與意圖，連飲食的習慣都稍有不同。

「哼，照顧母馬。牠們可是很會跑的，你做得了三天再說吧。」

就這樣，伊凡開始照料母馬。但到了傍晚，這些母馬就突然全都失控，四竄奔馳，速度奇快無比，靠伊凡一個人，根本無法將母馬全都帶回馬廄。於是伊凡抓住了一隻鶴，裝作要吃鶴的樣子，鶴就說：

「別吃，別吃，我們會幫你把母馬趕回來！」

就這樣，在天空飛的鶴群，紛紛飛去啄母馬，把四散的母馬趕了回來。芭芭耶嘎看母馬都回來了，就煮了好吃的晚餐，讓伊凡吃飽。度過了第一天。

（停頓）

第二天，伊凡繼續照料母馬。但到了傍晚，這些母馬仍舊全都失控，四竄奔馳，速度奇快無比，靠伊凡獨自一個人，完全無法將母馬全都帶回馬廄。於是伊凡抓住了一隻蜜蜂，裝作要捻死牠的樣子，蜜蜂就說：

「別捻，別捻，我們會幫你把母馬趕回來！」

就這樣，在草原上飛的蜂群，紛紛飛去用刺螫母馬，把四散的母馬趕了回來。芭芭耶嘎看母馬都回來了，就煮了好吃的晚餐，讓伊凡吃飽，還讓他喝了許多的水。這就度過了第二天。

（停頓）

第三天，伊凡繼續照料母馬。到了傍晚，母馬照常失控，四竄奔馳，速度奇快無比。伊凡見狀，也就不靠自己了，他跑去抓住了一隻青蛙，作勢要殺掉青蛙的樣子，其他老青蛙就說：

「別殺，別殺，不要傷害我們的小青蛙！我們會幫你把母馬趕回來！」

就這樣，在池塘邊跳躍的蛙群，把一群母馬趕到了難以奔跑的沼澤地區，於是伊凡又順利地將所有母馬趕回馬廄。芭芭耶嘎看母馬都回來了，就問伊凡：

「你成功地替我照顧了母馬三天，說吧，你想要哪一匹母馬？」

「這些母馬我都不想要。我要馬廄裡面那匹瘦弱而且全身是疥瘡的駒。」

芭芭耶嘎看了他一眼，就將那全身是疥瘡的駒牽了出來，交給伊凡。

伊凡再度跑去科謝伊的住處，將瑪麗亞公主接了出來。不同的是，這一次科謝伊問馬：

「追得上嗎？」

「不可能，那匹幼駒是世界上最快的馬。」

「不可能也得給我追！」

正如那匹馬所說，科謝伊不管怎麼快馬加鞭，都無法拉近自己與伊凡那匹幼駒的距離。伊凡·察列維奇和瑪麗亞·察列夫娜越走越遠，走到一處沒有人會打擾他們的地方，過著幸福平靜的生活，而且越來越富有。

年輕的男孩與活死人僕從

巴爾幹半島

重述自巴爾幹半島北部的民間譚。此故事在首尾的主軸上屬於ATU507「怪物新娘」，但在故事發展部的中段則結合了類型ATU307「棺材中的公主」。後者此一故事類型及其包含的母題「吸血鬼，或逝者自墳中站起食取血肉」，成為近現代相當多驚悚小說、動畫與影視作品的主題，例如果戈里著名的小說集《米爾哥羅德》的第二卷第一篇，即基於此情節進行創作與擴延。另一相關母題「看守公主三晚但不看公主」，在各種重述的異文中，有些富含喜劇表現（如本故事），有些則講究恐怖的氛圍。ATU507 亦廣泛分布於歐洲、亞洲、北美洲、南美洲。

從前有一個男子，他和一位妻子共同養育一個兒子。不久之後妻子過世，但他想著若他經常要下田工作，又要去市集做買賣，家裡就沒有人能陪伴孩子，於是他找了另一位女子，並再度結了婚。只是這新來的妻子，不喜歡前妻的兒子，成天只想把他支開。某天晚上，這妻子就指著這兒子和丈夫說：

「有他就沒有我，有我就沒有他。」

這丈夫想了一下，就給兒子十二枚金幣，且說：

「我們各自都邁向新生活吧。」

兒子就拿著這些金幣離開家了。

這年輕的男孩到處晃呀晃著，走呀走著，來到了一座城鎮。城鎮中的市場外，躺著一具屍體，但來來往往的人們，沒有一個人想要將處理這屍體，或是請人協助將他安葬，甚至還有人經過時，啐了口水在那屍體上。據說是因為這人生前欠了一屁股債，錢沒還完就這樣死了，讓債主們很不高興。男孩覺得這樣不太好，於是就自己找到了那些債主，幫那屍體把錢還清，還請人將那屍體帶去公共的墓園安葬。

過了幾天，這男孩準備出發前往另一個城鎮，途中經過了墓園，說來奇怪，不知何時，有個披著斗篷的人靠近過來，跟著這男孩一起走。這男孩靠右，那人就靠右，這男孩靠左，這人就靠左。男孩在懷中準備好短刀，想說這人可能是個土匪，不料這人倒是開口說話了：

「噢，別殺我呀！我已經死了！沒辦法再死了！」

「這是哪一國的語言啊？」

「我明明和你講的是同一種語言啊！」

「你已經死了，但你在和我說話……」

「先別聊這個。你要去哪？」

「我想要找工作，我快沒錢了。」

「工作？別做那麼傻的事。我就是因為工作所以死的。來，和我來，我想你剩下的錢，應該還夠買一籃的梨和一籃的馬鈴薯吧。」

「夠。」

「那就沒問題了，走吧。」

那活著的死人領著男孩到了當地的總督居住的大城中，原本應該是很熱鬧的地方，街道上的氣氛卻相當詭異。街道上的人們在說，先前總督的女兒在郊外戲水時，似乎遭到惡魔作祟，死於非命。人們把那女孩的屍首放在教堂內，因為在下葬之前要先守靈。每個晚上，負責守靈的人員，都會在隔天的清晨陳屍在教堂門口。這件事發生了七次，現在已經沒有人敢去守靈。但總督的女兒總不能這樣一直不安葬，永遠放在那教堂裡。

活著的死人就和男孩說：

「你去應徵，自告奮勇說要為女孩守靈。」

「可是我不想死！」

「不會死的。你只要照我說的做，日後你就會有錢到根本不用工作。」

「好，我答應你。」

「看來你是個聰明人。來，我先給你一段神聖的經文，這段經文已經被寫在這張紙上，拿好，可別弄丟了。」

「好。」

「首先我們先去買一籃梨[1] 和一籃馬鈴薯。你今晚就帶著一籃梨進教堂去。找個地方安頓自己。到了午夜，教堂敲鐘的時候，那女孩會從棺材裡面爬出來，這時先不要輕舉妄動，等到那女孩發現你，朝著你衝來的時候，你就把那籃子裡面的梨，往四面八方丟扔出去，撒出去，然後手上拿好那張神聖的經文，盯著經文看，直到聽見第一聲雞啼，這樣你就能安全地度過第一個夜晚。」

1 此句中的「梨」，指的是西洋梨（*Pyrus communis*）。

男孩照著活死人的話，帶著一整籃的梨進到了教堂裡。他把自己安頓在最後一排的長椅上，靜靜等候午夜教堂的鐘聲。

（停頓）

噹——噹——噹——噹——噹——噹——噹——噹——噹——噹——噹——噹——，鐘一響完，棺材蓋被推開，那女孩身體直挺挺地站了起來，不屈膝，不彎腰，好像一片木板似的站起。一站起來，就朝著男孩所在的最後一排長椅衝了過來。這時男孩按照活死人的吩咐，將一整籃的梨往四面八方扔出去，撒出去，並且拿好那張神聖的經文，盯著經文看。

就在男孩盯著經文看的時刻，那身體僵直的女孩，四處追著那些滾動的梨子，有時候說「我抓到你了！」有時候說「看你往哪逃！」男孩雖然不能看女孩，但聽得見女孩到處追著滿地的梨子，追到東，追到西，追著追著，直到窗外傳來「咕咕哩咕——」的雞啼，僵直的女孩才急急忙忙趕回棺材內，把棺蓋蓋上。

天亮之後，男孩打開教堂的門，總督與其他的人都很驚訝這男孩竟然還活著。活死人和男孩說：

「做得很好，今天晚上也做一樣的事，把這籃馬鈴薯帶進去吧。」

第二天晚上，男孩也盯著神聖的經文，聽見僵直的女孩到處追著滿地的馬鈴薯。男孩想著被追過的馬鈴薯是否還能吃，這時窗外又傳來「咕咕哩咕——」的雞啼，僵直的女孩再度急急忙忙趕回棺材內，把棺蓋蓋上。

活死人和男孩說：

「今晚要是成功的話，惡魔在女孩身上施加的詛咒就被破除了，但今晚你會比較辛苦。鐘聲響完，女孩離開棺材之後，你要立刻趁她不注意的時候，躲到棺材裡面去，把棺蓋蓋好，抓緊！在棺材裡面，你一樣要牢牢盯著神聖的經文看，不管棺蓋外面傳來什麼聲音，什麼打擊，什麼搖動，什麼哭喊，你都不要理會，抓緊棺蓋，緊盯經文，直到雞啼！」

「我知道了。」

男孩在教堂的最後一排長椅上，等待教堂午夜的鐘響。噹——噹——噹——噹——噹——噹——噹——噹——噹——噹——噹——噹——，鐘一響完，棺材蓋被推開，那女孩身體直挺挺地站了起來，不屈膝，不彎腰，好像一片木板似的站起。女孩到處找著男孩，但男孩早已躲在講道台的後面，趁著女孩不注意，立刻爬到棺材裡面，將棺蓋蓋好，抓緊。男孩在棺材內，即使一片黑暗，還是按照吩咐，緊緊盯著神聖的經文看。棺材外面不久後傳來用拳頭擊打的聲音，搖晃棺材的聲音，以及女孩苦苦哀求的聲音。但不管什麼聲音，男孩都不理會。不久之後，窗外傳來「咕咕哩咕——」的雞啼，僵直的女孩身體，被教堂窗戶外的太陽光線照射，大叫一聲，就倒地昏迷。這時，從空氣中傳來類似鐵製枷鎖的斷裂聲，鏗鏘！惡魔的詛咒就這樣失效了。男孩將女孩搬到長椅上休息。

過了不久，太陽照射街道，市場也開始活動的時候，總督與許多人來到了教堂想一探究竟。進到教堂後，總督發現自己的女兒好端端地坐在教堂長椅上，大喊「這是奇蹟！」不斷感謝男孩做的事。破除詛咒後的女孩，也發現這男孩十分俊俏迷人，於是他們很快就在這座教堂結了婚。總督也幫男孩安排了正式的工作，各種事情都獲得了妥當的安排，故事講到這裡，大家就都很高興了。

但男孩打斷了我，他還想回老家去看看父親。他向活死人道謝，並和妻子說自己想回家鄉一趟，大約十天後會回來。男孩自己穿上了好衣服，戴上好帽子，騎上一匹好馬，想要讓自己回家的時候好看點。在他回家途中，經過了一家小酒館。他心想反正不用急著一定要今天回家，在這裡喝點東西，住一晚再回家也不錯。

他走進酒館，一開始以為酒館裡面沒有人，但看久了，就發現每一桌都有兩三個人在賭牌。他隨意找個位置坐了下來，桌上卻不知不覺多了一杯咖啡，男孩既沒看見端咖啡來的人，他也沒看到吧檯後面有人在煮咖啡。正當他覺得這家店有點奇怪的時候，鄰近餐桌的賭客就走了過來，詢問男孩是否願意玩個一局。

「總是我們兩個人在賭，我輸給他，他又輸給我，沒意思了。若是你願意加入我們，我們會很高興。你不用擔心會輸掉什麼，我們並不是壞人。」

於是男孩加入他們，賭了一局，輸掉了自己的帽子。他們又賭一局，男孩輸掉了自己的衣服。就這樣，男孩接連輸掉了自己的褲子、靴子、馬以及其他的一切。當男孩身上什麼都沒有的時候，突然來了兩個壯漢，將男孩抓起來，丟到一個豬圈裡去，讓他裸著身體和豬一起生活，全身既是泥巴又是糞便。但男孩不管怎麼叫喊，似乎都沒有人要理會。

在家等著男孩的妻子與活死人，發現過了十一天、十二天，都沒有任何消息。到了第十三天，妻子就問活死人說：

「我的丈夫是否發生了什麼事？」

「別擔心，讓我來找他。」

於是妻子跟著活死人，活死人跟著幾乎看不見的馬蹄印，走出了城外，穿過了荒野，到了那間神祕的小酒館。活死人說：

「我知道發生什麼事了，妳的丈夫就在這裡。」

他一邊說，一邊拿出了一套卡牌出來。活死人找到了那桌把男孩的東西全都贏走的賭客，用他那副牌，把男孩的東西全都贏了回來。附近兩個壯漢準備要對活死人動手，但活死人對他們說：

「沒用的，我已經死了，不會再死一次，各位，別為難我的朋友。帶我去見我的朋友吧，我已經把他所有的東西都拿回來了。」

壯漢默默地帶著活死人到了豬圈，只見豬圈裡面躺著那位裸著身體、從頭到腳都是髒污的男孩。活死人將男孩帶出來，充分地洗乾淨，讓男孩把自己的衣服、褲子、靴子、帽子戴好，馬也牽出來。活死人對男孩說：

「好，我快做完所有事了。朋友，你知道我是誰嗎？」

「不知道，只知道你是會講話的死人。」

「我就是那天死在街頭的人，謝謝你幫我還債，還把我安葬在墓園。這是我能報答你的方式。不過⋯⋯」

「不過？」

「男孩，我在想，我幫你找到了妻子，幫你找到了工作，又幫你在牌桌上贏了那麼多東西，全都給你的話，好像有點划不來。」

「聽起來是這樣沒錯。」

「所以我就想，讓我們把東西全都平分吧。」

「好，我同意。」

活死人笑了一下，但畢竟是死人的臉，看不出笑意。活死人將各種東西分了一半，最後還沒分一半的，就剩那位妻子。活死人拿出刀子來，且說：

「現在該把妻子分成兩半了。一半歸你，一半歸我。」

「如果妻子同意，我就同意。」

「這樣也沒什麼不好的，反正我已經死過一次了。」

活死人揮動刀子，將妻子從頭到腳切成一半，妻子的身體分開來的瞬間，一隻大蛇從胃腸和心臟之間竄了出來，準備要咬人，但立刻被活死人切成數段，掉在地上，沒多久就腐爛了。活死人將被切成一半的妻子，小心翼翼地黏了回去，讓妻子變回原狀。各種分成一半的東西，也都恢復成原本的樣子。

「這樣，我的事情就都做完了。我可以好好休息了。」

「咦，不是要各分一半嗎？」

「男孩啊，我是已經要長眠在墓園的人，今天剛好是我死後的四十天，我得回去躺好了，去我該去的地方。」

男孩和妻子與活死人道別，活死人前往他可前往的地方，男孩和他妻子也回到他們住的地方。願平安歸於世上所有的人。

抓樹枝登上月亮的女孩

通古斯

重述自北通古斯民間譚。「女孩抓樹枝登上月」這個母題，大量出現在歐亞大陸的北邊至東邊，自波羅的海岸到鄂霍次克海岸的這個廣大區域，其中包含烏拉語系（Uralic language）諸民族分布的區域，以及東北亞、東亞的部分區域，還有北美洲加拿大的西海岸，都有近似此故事文本或相關異文被蒐集到的紀錄。在不同地區的異文版本中，主角可見有年輕女人、女孩、男孩、男人，但以女孩最常見。在本節收錄的故事中，月亮的行動較傾向為一無機的、按照固有規律移動的天體；但在部分的異文中，月亮則較具擬人的特徵，對女孩抱有好感，且在女孩落難時出手營救。本故事基本上屬於類型ATU751E*，此類型中的故事涵蓋範圍很廣，情節差異很大的故事相當多。不過，不少此類型的故事情節，經常會用來解釋「何以月亮上有斑」。

從前，在一間破舊的小屋內，有位寡婦和她的女兒住在一起。有這麼一次，這位婦人派她的女兒拿木桶和木杓去海邊提水，女兒走走走，走走走，走過上上下下的小徑，森林間的小徑，聽見海洋的聲音。女兒走走走，走走走，她在樹的葉子中間看見海的反光，她在草尖看見海的反光，但那時月亮還沒升起。

這女孩走到海濱，她應該要立刻舀水，但她只是看著海。她應該要立刻提水，但她繼續看著海。看著，看著，看著，看著，看個不停。在小屋內的婦人失去了耐心，小屋內的婦人想著：提個水是能提到哪裡去。於是婦人從小屋走出來，走走走，走走走，走過上上下下的小徑，森林間的小徑，聽見海洋的聲音。婦人看見自己的女兒根本沒在舀水，沒在提水，而是看著海，看個不停。

婦人非常憤怒地對女孩大吼：

「提個水半天不回來，乾脆被魔鬼抓走算了。」

右圖：楊雨樵 生成

婦人罵女兒的時候，罵著，罵著，不小心將女兒的全名講了出來，海中的耳朵聽見了，海中的王聽見了，立刻冒出海面，說著女兒的全名，伸出手，就將那女孩連同木勺拖入海裡，女孩一個掙扎，木桶鬆手留在海濱。

海王一直拖著她，一直要把她拖到海中，但女孩力氣也很大，女孩拚命地掙扎。這時，月亮，月亮要升起，月亮準備從海面升起，月亮低低的，低低的從海面划過，恰恰好經過女孩的上方。那月亮是這麼低，月亮上生長的樹的樹枝，幾乎擦過女孩的髮際。女孩沒有被抓著的那隻手，奮力往上抓，抓著那根樹枝，抓緊那根樹枝。女孩死抓著不放，但海中的王卻沒抓那麼緊。等到他回頭，只見女孩被月亮高高地帶起，高高地帶起。女孩抓著月上的樹，晃著，晃著，晃著，晃著，到了人無法抵達的高處。現在沒有人能碰到她了，現在她的母親再怎麼生氣，罵人的聲音也傳不到女孩那裡了。

你看，你看，月亮的暗影，一個女孩還抓著月上的樹枝，晃著，晃著，晃著。

Chapter IV

聯篇
故事群

納斯列丁·侯賈的事蹟

中亞

以下數則聯篇故事（Story cycle），圍繞在一位相當知名的「Trickster」角色身上。這角色有相當多的名字，例如Nastradin、Nasreddine、Nasrudin等等。依照地域不同，這名字後面經常會跟著一個敬稱，例如源於波斯語的侯賈（Khoja；خواجه），或是源於土耳其語的埃凡迪（efendi）。這兩者在各種語言中有許多變化，前者包括Hodja、Goha和Giufa等，後者則有Ependi、Afanti、Апенди（Apendi）等。這些敬稱原本用於稱呼在社會中具備特定地位的男性人士，但在口傳故事的流傳中，通常已被當成該角色的名字來運用。本聯篇故事的重述版本中，此角色以納斯列丁·侯賈（Nasrredin Hodja）為名，並在故事中以侯賈稱之[1]。

Trickster的特性，不太容易單純用「搗蛋鬼」、「謀士」或「整人者」等辭彙來翻譯。主因是這個事蹟遍布於地中海地區、黑海周邊、西亞、中亞等地的角色，有時迷糊、有時自私狡猾，有時城府甚深，有時則又具有近似於大智若愚的特徵。他的行動偶爾充滿謎團，並且在具有諷刺風格的應答中，充滿了詩意（例如「以星星的溫度取暖」）。這些故事的母題與情節，也可見於東北亞、東亞、南亞與部分的大洋洲。

侯賈似乎沒有固定的職業，有時騎著驢子，有時徒步；有時有妻子，有時單身四處流浪。有時和蘇丹似乎相當要好，並不畏懼後者的權勢，有時則處於社會邊緣，為了丁點的便宜計較半天。是個讓人回味無窮的角色。在昔日，侯賈的故事通常在晚上講述，在聚會或招待賓客時，這些故事群可讓氣氛融洽，也能舒緩社交中的疲勞。

有一次，有個小偷鬼鬼祟祟地鑽進侯賈的家，把所有能抓到的東西，全都一一裝到布袋裡。由於發出這麼多聲響，便吵醒了侯賈的老婆，她對丈夫說，「欸，難道我們不起來把他抓住嗎？」侯賈說：

「沒關係，該起身的時候我自然會起身。」

1 2007 年，聯經出版公司曾出版列昂尼德·索洛維耶夫（Леонид Соловьёв）根據聯篇故事改寫而成的長篇小說《納賽爾丁阿凡提傳》，該書原名為《侯賈·納斯列丁的故事》（*Повести о Ходже Насреддине*）。雖然該書引用了不少聯篇故事內容，劇情在高潮迭起間也有幽默之處，但行文非常接近類型文學小說，與口傳文學的文本特徵有相當的距離。

小偷見主人沒動靜，更是大膽起來，連巨大的東西都不怕麻煩地裝袋，綑綁，東在身上，不久終於弄到一個段落，熟門熟路地跑了。

小偷才剛出去，侯賈就和妻子說「現在就是起身的時機。」侯賈吩咐妻子收拾家中剩下的東西，包在小布袋裡，拎在手上，偷偷跟著小偷。小偷雖然動作快，但全身綁著大包小包，氣喘吁吁；侯賈和妻子動作慢，但全部才一小包，悠悠哉哉跟在後面。不久之後，侯賈夫妻倆跟著小偷，到達了他的家門口。小偷回頭一看，只見一對夫妻笑盈盈地看著自己。

小偷問說：「你們想做什麼？」

侯賈回答：「怎麼了？難道我們不是正要搬到這個家裡來嗎？」

左圖：丁柏晏 繪製

◒◐

有一次，有個小偷悄悄溜進了侯賈的房子；妻子聽到聲響，立刻驚醒，就搖醒侯賈。侯賈說：「安靜點，別打擾他。也許真主會讓他找到一些可以用的東西，那時我再和他拿回來就好。」

◒◐

有一次，侯賈的妻子要出門去參加別人的婚禮，就和侯賈說：

「你可要緊緊地看好門啊，我不會去很多天的。」

侯賈聽了就說：

「可是我也想去啊！」

「家裡不能沒人啊！」

妻子聲音有時比較大，有時比較小，現在就是比較大的場合。侯賈沒辦法，就暫時先乖乖待在家裡。但等到妻子走遠了，侯賈就不安分了起來，東想想西想想，就是想要去婚禮湊熱鬧，吃吃喝喝。不久，他想到一計，將家裡的門拆了下來，用繩子綁在自己背上，就快快地趕到婚禮現場去了。

在婚禮現場，還沒吃喝到什麼，就撞見了妻子。妻子兩隻眼睛瞪著他，大聲地說：

「叫你在家裡看門，你在這裡做什麼？」

侯賈回說：

「看門在哪都可以看，你看，我不就把門帶到這裡來看了嗎？」

◒ ◐

侯賈有一次在樹林裡砍了一堆木柴，且把這堆木柴捆好放在驢子背上，然後啟程回家。沒走多遠，驢子累了，再怎麼求，驢子都不前進。有個路人見狀，跑來問發生什麼事。侯賈就回答說：

「驢子不肯走。」

那人說：

「這還不容易，在驢子的尾巴下放一些辣椒粉，牠自然就會動起來，還會加速。」

侯賈照著路人的說法做。果然驢子很快就踏起蹄子，上下搖動著屁股，沒多久突然激動起來衝出去。侯賈追著驢子，但怎樣都追不到。於是他自己也在自己的屁股撒上辣椒粉，還撒得更多點，以便能追上驢子。

他衝啊衝的，跑過了自己的家，驢子已經停了，侯賈卻沒有停下來的意思。妻子大聲叫說：

「停下來啊，停下來啊！」

侯賈一邊衝，一邊回答：「驢子的屁股讓驢子停，但我的屁股不讓我停！」

◒◐

侯賈在市場上買食用油。賣家將油倒入碗中，倒得滿滿的。但侯賈發現油壺中還剩下一些油，就把茶碗翻過來說：

「把壺中剩下的油倒在這只碗的背面吧。」

侯賈小心翼翼地將碗背面的油拿回家去。他的妻子看到那碗上下顛倒，碗底還裝盛著一小撮油，就問他為什麼只買這麼少的油。侯賈回答：

「這可不是全部，告訴妳，這碗的正面也裝了滿滿的油呢。」說完，他又把碗翻了過來。

◒◐

住在侯賈隔壁的人，想要騎著驢去市場一趟，於是就跑來和阿凡迪說：

「可以和你借一下驢嗎？我想騎去市場。」

侯賈就說：「我的驢不在我家欸，不知道去哪了。」

這時，在後院中的驢高高地嘶叫了一聲。聽到這聲音，隔壁的人就說：

「你的驢子明明就在你家啊？」

侯賈不慌不忙地回答說：

「尊貴的先生，你現在的意思是說，你相信那頭根本沒有信仰的驢，而不相信我這個信仰虔誠的人類嗎？」

◒◐

有一次，蘇丹和侯賈出遊。蘇丹挑了一匹年輕壯碩的馬，騎起來又快又響亮，而侯賈則是騎了一匹老得快走不動的馬，騎起來相當安靜，好像沒在前進。

他們騎著騎著，說也奇怪，他們彼此的距離並不遠。他們一邊聊一邊前進，突然之間卻下起了大雨，到處嚇曲兒，嚇曲兒響[2]。蘇丹當下快馬加鞭，沒多久就回到了城鎮內。侯賈則將全身的衣服脫了，裝在木桶裡。把木桶倒扣，繫在背上，慢吞吞地回到了城鎮。等到雨停了，身體也乾了，侯賈再不慌不忙地穿上衣服，騎著老馬來到蘇丹面前。蘇丹問：

「你不是應該全身淋濕了嗎？怎麼看起來衣服和頭髮都是乾的？」

「因為我騎得這匹馬其實不是馬，而是龍捲風的後裔。雨一下，這馬就整個身體旋轉起來，轉一轉就飛到了天上，沒一會兒就到了城鎮，於是我沒淋到什麼雨。」

蘇丹聽了這話，就和侯賈換了馬騎。雖然這兩匹馬速度有差，他們彼此的距離還是不遠。他們一邊聊一邊前進，天上再度下起大雨，到處嚇曲兒，嚇曲兒響。侯賈當下快馬加鞭，沒多久就回到了城鎮內。蘇丹再怎麼要那一匹馬跑，或是要馬身體旋轉，都完全沒用，只能被大雨從鼻子到腳尖淋十遍，全身比濕透還濕透。蘇丹氣得要命，和在城鎮裡等著他的侯賈吼道：

2 شاقر(şaḳır)，大雨的聲音。

「不要再讓我看到你的臉！」

說畢，侯賈就轉過身去，背向著蘇丹。不管蘇丹走到哪，面向哪，侯賈永遠用背向著蘇丹。

「你在做什麼？」

「我在遵照你的命令。」

◒◐

某個冬天的夜晚，蘇丹想要整一整侯賈，就和侯賈說：

「我要你在整夜站在這座高塔上，一個晚上不准下來，我也不會給你任何禦寒用的衣物。如果你能忍過去，我就把我的女兒嫁給你，當作是一種獎賞。」

冬天的高塔有多冷，就算不是真主也很清楚。侯賈一整個晚上，把塔頂的一堆石頭從左邊搬到右邊，從東邊搬到西邊，然後再搬回原位。一直搬，一直搬，直到太陽升起。蘇丹看見塔頂的侯賈整個人好端端的，就問：

「你怎麼沒有凍死呢？」

侯賈回答：

「喔，我用星星的光芒來溫暖我的身體。」

在那之後的某一天，蘇丹去狩獵，途中經過了侯賈的家附近，於是就和幾位大臣一起順道拜訪了侯賈。蘇丹要侯賈泡些茶來，於是侯賈拿了茶壺，費力地爬到了樹上去，把茶壺懸掛在非常高的樹枝上。接著，侯賈又回到地面，在樹下一個對準茶壺的位置，生了一小撮火，準備用這小火來燒水。蘇丹見狀，就問說：

「隔著這樣的距離，水根本燒不開呀！」

對此，侯賈回答：

「你怎麼會不相信這樣可以燒開水呢？你前些日子，都已經相信在塔頂的我，可以用遙遠的星光來溫暖身體了。」

◒◐

有一天，侯賈的朋友們（或許可以說他們都是侯賈）在一個聚會上，決定要來捉弄一下侯賈。

他們邀請侯賈去洗土耳其浴，但這些朋友們在進浴室前，每個人都偷偷地在懷中藏了一顆蛋。所有的人都進去浴室後，就故意對侯賈說：

「欸，只是洗澡太無聊了，我們都來下顆蛋吧！誰不能下蛋，就要請大家吃一頓大餐！」

就這樣，每個朋友都坐在各自的位置上，抖了抖屁股，哎呀就生了顆蛋出來。第一個朋友生完，第二個朋友生。第二個朋友生完，第三個朋友生。就這樣一個一個輪，不久就輪到了侯賈。

侯賈環視了一下每個拿著蛋的朋友，悠悠地站起身，揮動雙臂，伸長脖子，抬著頭，大聲地叫著：

「喔喔喔～～～～～～」

他的朋友以及周圍所有在浴室裡的人，全都轉頭過來看。朋友們立刻問說：

「你在做什麼？」

侯賈回答：

「畢竟這裡有一群母雞，那總需要一隻公雞吧。」

◒ ◐

有一天，侯賈牽著一頭驢子，爬到一棵路上的大樹上去，準備將樹幹周圍的樹枝都砍下來。這時一個路人途經此處，見狀就大喊說：

「小心啊！有人要過啊！樹枝掉下來會砸到人啊！」

但侯賈還是砍了樹枝，樹枝確實就掉了下去，砸到這個路人。路人很生氣，準備要斥責他。侯賈卻一臉敬佩地說：

「真主有眼，您真是一個預言家啊！」

「什麼？」

「您說這樹枝會落下來砸到人，這不就砸到人了嗎！」

路人一時間不知道要回什麼，而侯賈繼續講：

「既然您能預知未來，說說看，我什麼時候會死啊？」

路人沒好氣地回說：

「你的驢子再放三個屁，你就會死！」

說完就大步離開了。

沒過多久，侯賈的驢子真的放了三個屁，侯賈就自己倒在地上，一副已經是屍體的樣子。後來有人經過，看見這具「屍體」，就到處請人來幫忙，要大家一起把這「屍體」搬到墓地去。

一群互相不認識的人搬著侯賈的「屍體」，搬著搬著，走著走著，原本打算從橋上過河，沒想到橋已經斷了。一群人不知道怎麼過河，就在河邊爭執起來。這時躺著的侯賈就坐起身來，朗聲說：

「我活著的時候，都是從那邊過河的，那邊水很淺。」

一邊說一邊用右手指出方向後又躺回去，繼續死著。

這群人依照指示把這屍體搬過河之後，才突然意識到剛剛是屍體在講話，就紛紛呼喊真主，把侯賈扔在地上，四散逃開。

侯賈躺著，躺著。不久有一位商人牽著馬經過，看見侯賈倒在路旁，就來關心說：

「先生，你還好嗎？」

侯賈回答：

「我已經死了。」

「那我用這個，看看你會不會活過來。」

說完，商人就對侯賈的身體抽了一下馬鞭，侯賈立刻痛得站了起來，並且驚訝地和商人說：

「這驚人的東西是什麼？」

商人說：

「這是起死回生鞭。」

「那真是太稀奇了，我和你買吧！」

侯賈就這樣，買了那條起死回生鞭。

◒◐

有一天晚上，住在城鎮郊區的侯賈和他的妻子，剛開始準備晚餐。此時恰有一位朋友登門造訪。這朋友在造訪前，為了不失禮，還特別去獵了一隻肥美的兔子來。朋友敲了敲門，侯賈打開門迎接，雙方寒暄一番後，朋友把這兔子送給了侯賈，侯賈高興地說：

「快進來，快進來！我們把這兔子燉成湯吧！」

他們開始準備晚餐。侯賈很會做菜，侯賈的妻子也很會做菜。但今天晚上我們讓侯賈來動手吧！他一邊講些好笑的故事，一邊剝了兔子皮，把肉塊處理好，蒜也剝好，香料準備妥當。大家一邊聊天，一邊湯就燉好了。三個人都吃得非常盡興，這位朋友也心滿意足地離開。

原本是很美的事，但事情總不會就這樣結束。隔天晚上，當侯賈夫妻倆準備享用昨天剩下的兔子湯時，又有人來敲門。侯賈打開門，發現是一位不認識的人，而且手上別說兔子了，連個東西都沒有。

「侯賈，你好，我是你的朋友的朋友。我朋友說他獵了隻兔子，送到你這邊，燉了一鍋美味的湯。我也想吃吃看。」

朋友的朋友，趕走也不是，晾在門口也不是，侯賈只好拿出大人的禮儀，請對方進門用餐。侯賈用了昨天兔子湯剩下的料，加了點水，燉成一鍋兔子湯的湯。雖然這兔子湯的湯，沒辦法像昨天那樣濃郁，但還是足夠讓三個人吃飽的。但畢竟來訪的人是朋友的朋友，氣氛難免沒這麼融洽。

過了兩天的晚上，兔子湯所剩無幾。妻子與侯賈原本想隨意處理掉就算了，不料這時又有人來敲門，侯賈打開門，發現是比不認識更不認識的人，手上拿著比沒有更沒有的東西。

「侯賈，你好，我是你的朋友的朋友的朋友，我聽朋友說朋友的朋友獵了隻兔子，送到你這邊，燉成了一鍋美味的湯。我聽了也想吃吃看。」

面對朋友的朋友的朋友，侯賈還是拿出大人的禮儀，請對方進門用餐。侯賈將剩下的兔子骨頭、剩的香料與剩菜，加了些水，燉成一鍋兔子湯的湯的湯。三個人一邊吃，一邊不知道該講什麼好，面對朋友的朋友的朋友，用什麼詞來形容氣氛都不夠恰當。

過了兩天的晚上，又有人來敲門，侯賈打開門一看，阿拉保佑，已經差不多是世界上的陌生人。當然這陌生人手上是沒東西的。

「侯賈，你好，我是你的朋友的朋友的朋友的朋友，我聽說朋友的朋友的朋友獵了隻兔子，送到你這邊，燉成了一鍋美味的湯。我聽了也想吃吃看。」

面對朋友的朋友的朋友的朋友，侯賈還是拿出大人的禮儀，請對方進門用餐。侯賈將難以用詞彙形容的剩菜，加了些水，燉成一鍋兔子湯的湯的湯的湯。三個人一邊吃，一邊已經失去了言詞，面對朋友的朋友的朋友的朋友，只有沉默可言。

可惜事情並沒有結束。過了兩天的晚上，又有人來敲門，侯賈打開門一看，阿拉保佑，這已經可以說是從別的故事跑來的人了。這人手上一樣沒有東西。

「侯賈，你好，我是你的朋友的朋友的朋友的朋友的朋友，我聽說朋友的朋友的朋友的朋友獵了隻兔子，送到你這邊，燉成了一鍋美味的湯。我聽了也想吃吃看。」

面對朋友的朋友的朋友的朋友的朋友，侯賈不知道應該拿出什麼。侯賈請對方進門，直接盛了一整鍋清水，煮沸，端上桌來。那位朋友的朋友的朋友的朋友的朋友看了，就不滿地說：

「這只是一鍋開水而已啊？」

侯賈聽了，就淡淡地回答說：

「這是當然的。我朋友獵了兔子來給我，我燉成了兔子湯來招待他。現在我朋友的朋友的朋友的朋友的朋友要來喝湯，我自然就用兔子湯的湯的湯的湯的湯來招待他。」

接下來，侯賈終於能和妻子在家中獨自享用晚餐。

Chapter V

形式
故事群

無盡的故事

日本

此種故事類型，屬於程式故事（formula tales），日語稱之為「形式譚」。之所以名為「無盡的故事」，是因為此故事的特徵，在於講述者會有意識地將故事情節控制在最小的程度，並且設計一套帶有遊戲性質的敘事，使故事可以延長，這種延長與其說是為了讓故事伸長，不如說是期待觀眾因為不耐煩而打斷故事，進而結束講述活動。

這種延長有幾種常見的樣式，例如「堆疊式（cumulative）」，也就是每講述一次，就會多出一件東西。俄羅斯著名的民間譚〈拔蕪菁〉（Репка，故事類型ATU2044），每講述一次拔蕪菁的過程，就會多一隻動物（包含人類）來幫忙，此故事在阿法納西耶夫蒐集的《俄羅斯故事集》中，可堆疊至九個。另一種常見的樣式是通過點數量的方式進行重複，講述者會在故事中帶來一群數量龐大的動物（例如羊、老鼠或跳蚤等），並逐一點數這些動物，直到聽眾放棄聽故事為止，下面這則來自日本宮城縣的〈老鼠入水〉，即為此種（類型ATU2301）。濱口龍介的紀錄片《說故事的人》（二〇一三）當中，佐藤玲子說的故事〈愛聽故事的國王〉也屬此種。第三種是在敘事中營造短小的迴圈，此迴圈可不斷重複，同樣也能讓故事的聽眾陷入疲憊，安潔拉·卡特引用自阿法納西耶夫並收錄至《精怪故事集》的

〈丈夫如何讓妻子戒掉故事癮〉當中，老人講的故事便屬於此種[1]。當然還有其他難以歸類的種類，例如本篇的第二則故事〈進退兩難〉。

老鼠入水

從前從前，真的是從前的以前的以前，有一位爸爸很喜歡聽故事，總是喜歡讓女兒講故事給自己聽。那位爸爸的女兒雖然知道很多故事，但總有一天會講完。這爸爸發現沒有故事聽了，就著急起來。

不知道是不是好事，那位女兒非常的漂亮，深受城鎮內眾人的喜愛，於是這位喜歡聽故事的爸爸就說：

「如果誰能夠一直講故事，一直講故事，講到讓他覺得膩，那我就讓女兒嫁給這位說故事的高手。」

1 Carter, Angela, and Corinna Sargood. 1990. "How a Husband Weaned His Wife from Fairy Tales". *The Old Wives' Fairy Tale Book*. New York: Random House. p.227-228. 轉引自Афанасьев,1873." № 448: Как муж отучил жену от сказок",*Народные русские сказки*. 本故事亦收錄於繁體中文版：安潔拉·卡特，《精怪故事集》。台北：麥田出版。

這消息在一天之內，傳到了所有擅長說故事的居民中間，一下子整個城鎮都吵鬧起來，無論男女老少，全都爭先恐後地跑來講故事給那位爸爸聽。一群又一群的民眾都好奇這位爸爸什麼時候會聽膩，偏偏這位爸爸的耳朵就像無底洞，似乎可以無限地一直聽故事，一點都看不出要膩的樣子。這下子爸爸不急，女兒倒是急了起來，心想：

「天啊，要是這些和爸爸說故事的人，沒有一個人能夠讓他膩的話，豈不是就逃不出這個講故事的地獄了嗎？」

不久之後，來了一對兄弟檔，首先上場的是哥哥，這哥哥十分會講故事，一口氣講了大約一百則，可惜可能講得太好了，那位爸爸不但沒有膩，反而更加興致勃勃的樣子。就這樣，哥哥累了，換弟弟上來講。弟弟懶洋洋的樣子，說自己只有一則故事可以講。眾人就笑說，只有一則哪有什麼用呢，但弟弟毫不在意，開始講了起來：

「伯父啊，在講這故事前，我只有一個小要求，等一下不管我故事講到哪裡，只要我說『尾巴搖搖，啾啾啾叫』的時候，伯父就要唱一句『喔——呀，蒐——啦，蒐拉呼咕貝——』。[2] 伯父只要好好唱，故事就能繼續講下去。」

「沒問題，小事，小事！」

「從前，從前，在一座很小很小的島上，住著很多老鼠。這老鼠有多少呢，三百三十三萬，再加上三千三百三十三隻。這麼多的老鼠，食物一下子就被吃光了，畢竟這是一座很小很小的島，食物很少。怎麼辦呢，就有老鼠提議，說看看那邊，那邊有一座大島，我們搬去那裡住吧！

三百三十萬，加上三千三百三十三隻老鼠紛紛同意這個說法，於是，他們來到岸邊，準備下水。第一隻老鼠噗咚跳下水，游了起來，尾巴搖搖，啾啾啾叫……」

（停頓）

「伯父，伯父，你要唱：『喔—呀—，蒐—啦—，蒐拉呼咕貝——！』」

伯父就趕忙回答：

「啊，對啦，對啦。喔—呀—，蒐—啦—，蒐拉呼咕貝——」

2 這幾個詞彙並沒有實際意義，這些詞彙的組成，有時是講述者昔日聽別人講的，有時則是由講述者自己即興編出的。原文為：「おーやー、ソーラー、ソラフグベー」。

「就是這樣，伯父。那我繼續啦。又一隻老鼠噗咚跳下水，游了起來，尾巴搖搖，啾啾啾叫……」

伯父呆了一下子，才又突然想起來說：

「喔，對對，喔—呀—，蒐—啦—，蒐拉呼咕貝——」

「又一隻老鼠噗咚跳下水，游了起來，尾巴搖搖，啾啾啾叫！」

「喔—呀—，蒐—啦—，蒐拉呼咕貝——」

就這樣重複了大約三十次，女兒的爸爸開始覺得煩了。

「我這樣要重複多少次？」

「欸，伯父，你怎麼可以打斷故事呢，來，讓我們好好繼續講，又一隻老鼠噗咚跳下水，游了起來，尾巴搖搖，啾啾啾叫……」

「喔—呀—，蒐—啦—，蒐拉呼咕貝——」

「又一隻老鼠噗咚跳下水，游了起來，尾巴搖搖，啾啾啾叫……」

「喔—呀—，蒐—啦—，蒐拉呼咕貝——」

再度重複了三十次左右，爸爸又打斷弟弟：

「故事真的會繼續嗎？」

「對啦對啦，會繼續的，你不要打斷嘛，全部有三百三十三萬，加上三千三百三十三隻呀，等一下數忘了，還得從頭再來呢！又一隻老鼠噗咚跳下水，游了起來，尾巴搖搖，啾啾啾叫……」

「我不聽了，我不聽了！我再也不想聽什麼故事了！」

「欸，這可不行啊！」

弟弟似乎沒有要放過對方的意思，又繼續讓老鼠一隻一隻跳下水。不久之後已經入夜，女兒已經準備就寢，圍觀的村人也一個一個回去睡了，但弟弟似乎一點都不累，繼續抓著那位爸爸說「又一隻老鼠噗咚跳下水，游了起來，尾巴搖搖，啾啾啾叫……」

（現場端看故事講述者的決定，此處故事可以一直延長下去。）[3]

3 在我所能蒐集到的各種語料中，目前還沒有人能夠將三百三十三萬三千三百三十三隻老鼠講完的例子。但就算講完了，其結局也是可預料的。

進退兩難

從前從前，有個旅行者在山中迷路了。要是不趕快趕路的話，太陽下山就麻煩了。這旅行者漫無目的又著急地往前走，突然遇到了一座非常大的瀑布，非常非常大的瀑布。瀑布前，有一根非常非常長的獨木橋，旅行者一時心急，就衝動地走了上去。旅行者為了給自己打氣，邊走邊說：

「往前走啊，咚咚。往前走啊，咚咚。」

但是不管走多久，瀑布都看不到盡頭。旅行者心更急了，就覺得不如退回原地吧，於是又邊退邊說：

「回原地啊，咚咚。回原地啊，咚咚。」

但走半天，也回不到原地。只好又往前走。

「往前走啊，咚咚。往前走啊，咚咚。」

還是看不到盡頭，又開始折返。

「回原地啊，咚咚。回原地啊，咚咚。」

那旅行者就永遠在那獨木橋上，

「往前走啊，咚咚。往前走啊，咚咚。」

「回原地啊，咚咚。回原地啊，咚咚。」

「往前走啊，咚咚。往前走啊，咚咚。」
「回原地啊，咚咚。回原地啊，咚咚。」
「往前走啊，咚咚。往前走啊，咚咚。」
「回原地啊，咚咚。回原地啊，咚咚。」

（可無盡地重複，直到觀眾聽膩為止。）

最短的故事

日本

在相當短小的這一節，我們可以看到民間譚程式故事群中相當獨特的文本。這些文本通常極短，僅帶有一個情節，或甚至連一個情節都不完整，並且在敘事上經常帶有一些語言遊戲的特色，例如應用諧音或更改字根等方式來推進（短小的）情節，並包含獨特的幽默元素。也因為如此，這樣的程式故事群，經常會被許多學者放在「笑話」此一大分類底下。

其中，有一種可稱之為「逗弄譚（Vexiermärchen）」的故事群（故事分類上按各國不同的分析與歸納，散列於ATU2200–2300各條目），而這些故事在日本的傳統脈絡中被稱之為「有頭無尾的故事（尻切れ話）」[1]。此種逗弄譚往往會蓄意引起聽眾的好奇，有些甚至引誘聽眾發問，但一經發問，就只會從講述者方獲得開玩笑的、戲謔的，像語言遊戲一樣的回答，使觀眾期待落空。在格林兄弟《兒童與家庭故事集》中的〈金鑰匙（Der goldene Schlüssel）〉也被視為一種逗弄譚。該故事可見一名男孩企圖使用意外找到的金鑰匙，去打開雪地中的一枚鐵盒。故事最後，講述者表明：「現在我們必須等著」，因為主角仍還在用那金鑰匙打開盒子。

另一方面，在這些極短的故事中，也有一些故事既無意逗弄，也沒有要玩語言遊戲，僅只是單純講述由一個事件構成的故事。

昔日菊

有一個老婆婆，總是在照顧某種菊花。她一直照顧，拚命照顧著這種菊花。

有人問說：「老婆婆，這菊花是什麼菊啊？」

老婆婆回答：

「昔日菊啊。」[2]

---

1 関敬吾。1980。第10卷「笑話」，日本昔話大成·編集野村純一，大島広志。東京都：角川書店。

2 這個故事來自日本秋田縣東由利村。這句話的原文為「むかしきくな」，此句運用了「菊」和「聞く」的諧音。「むかしきく」的部分，意思既可以解成「昔菊」（昔日菊），也可以解成「昔聞く」（詢問關於過去的事）。當成後者來解的時候，「むかしきくな」意思就會變成「別問過去的事」。這時，故事一開始的描述，就發揮了暗示的功能，好像這位老太太曾經遭遇了什麼。與這則相似的故事，還有「昔日刀」（むかしかたな）。情節簡述如下：
有個人成天拖著一把刀，拖著拖著，拖著拖著。有人問說「這是什麼刀呀？」這人就回答：「昔日刀呀」。
最後這一句的原文「むかしかたな」，既可以解成「昔刀」，也可以解成「昔語な」。作為後者解的時候，意思就近於「別談過去的事」。

說還是不說

有個男子去山裡打獵。突然一隻大山豬竄出來，男子想活捉它，就緊抓著豬的尾巴。山豬拼命掙扎，不斷搖晃身體。講到這裡，說故事的人突然停下不講了。

「欸，怎麼不說了？」

「要說嗎？還是不要說呢？」

「拜託，快說下去吧！」

「好吧，那我說啦！」

這故事一說，男子就放開了山豬的尾巴，豬逃了，故事結束了。[3]

最短的故事

從前，有個編草鞋的鞋匠。有一天，他編著草鞋，一邊編，一邊呵呵笑，然後就死了。

3 這個故事，運用的是「話す」和「放す」這兩個動詞同音（はなす；ha-na-su）而製造的效果。當說故事的人說到一半，故意賣關子不說下去，聽故事的人就會著急地問「怎麼不說了呢？快說啊！」聽故事的人這邊講的動詞是「話す」。接著，講故事的人講說「那我說啦！」接著讓故事中的男子「放開」山豬尾巴的時候，則故意把「話す」變成了「放す」，讓故事終止於此。

也許忘了的故事

「爺爺，爺爺，和我講些從前的故事吧！」

「哦，讓我想想以前的事，然後講講看吧！」

「就是啊，很懷念呢，以前爺爺曾穿著襦袢，披著講故事用的半纏，去了涌谷一趟呢！」

「嗯嗯，好像有這樣的事呢。現在爺爺年紀大了，都忘了呀！」

「真傷腦筋呀！那，爺爺到底能不能講給我聽啊？」

「快放棄吧！」

桑、竹與櫟

從前，桑樹、竹子和櫟樹長在一塊兒。桑樹「嘭！」地放了個屁，竹子就罵了一聲「你這混蛋！」櫟樹聽了，趕忙緩頰說「忍一下，忍一下。」[4]

---

4 這個南韓著名的口傳故事，在近代變成了童謠。這故事利用了三種植物名稱的諧音，桑的韓文為「뽕」（ppong），猶如放屁聲。竹子的名稱為「대나무」（Tae-Na-Mu），而罵人的詞彙則是「대끼놈」（Tae-Kki-Nom）。櫟樹的韓文是「참나무」（Cham-Na-mu），而他請竹子忍一下的話語則為「참아라」（Cham-a-la）。

特別收錄

緬甸故事兩則

波巴山的鐵匠傳說

頭戴竹蓆的女子

波巴山的鐵匠傳說

講述者、繪者：奧勘卓（အောင်ခန့်ကျော်, Aung Khant Kyaw）

翻譯：楊雨樵

著名的三十七「納（နတ်）」的故事文本，最早可追溯至古代的蒲甘時期，那時地區性神靈的崇拜達到巔峰（「茂恩·定得」是其中一位主要的「納」）[1]。由於民眾過度迷信多神崇拜，國王阿努律陀（အနော်ရထာ）決定頒布皇家命令，拆除所有的神龕，並將各式不同大小的神像，固定在瑞喜宮佛塔（ရွှေစည်းခုံဘုရား）的內外牆上。自那時起，牆內的神像被稱為「內三十七納」，置於牆外的神像則稱為「外三十七納」。那麼，為什麼是三十七這數字呢？在古老的緬甸宇宙哲學觀與宗教信仰中，存在著一些神聖的數字，如3、5、7、9、37 等。在占星學中，某些咒語需要念三次、五次或七次等。而數字「37」被視為一個神聖的數字，在劇場藝術和戰爭謀略中都被高度重視。要被列入「納」的行列，必須符合四個標準：

一、此人在世時廣為人知，且具有極高的名氣。

1 茂恩·定得，原文為「မောင်တင့်တယ်（Maung Tint De）」，「မောင်」是對男子的稱呼，「တင့်တယ်」是他的名字。根據講述者奧勘卓的意見，此既可音譯為「茂恩·定得」，也可譯為「定得先生」，此處選擇前者。茂恩·定得在成為「納」之後，為官方三十七「納」之一，守護波巴山。他也被敬稱為「摩訶祇利王（မင်းမဟာဂိရိ）」，此名的字面意為「雄偉之山的王」。本篇文章腳註若未特別標明，則皆為譯註。

二、在世時貢獻了一項特殊的成就，且人物本身具備極為殊勝的特徵。

三、死於非命或葬身於可怕的事件（根據佛教信仰，這是成為神靈、幽靈或不潔之靈的根本原因，因為這樣的人物在臨死前往往充滿強烈的情緒）。

四、面對殘酷的命運。

每個「納」都有不同的召喚儀式方式，且需要準備一套特定的食物、飲品和點心。擔任納和人類之間媒介的人被稱為「納媒（နတ်ကတော်）」。透過正確的儀式後，納媒會被召喚的「納」附身，接著民眾就可以向「納」提問。對於某些「納」，提問必須具體且與該「納」的遭遇有關，例如，面對患痲瘋病而死去的「良欽（ညောင်ချင်း）」，民眾只能詢問與健康護理有關的問題。

鐵匠茂恩·定得（ပန်းပဲမောင်တင့်တယ်）在蒲甘王朝早期被認為是緬甸的「納」之首，是極受民眾歡迎的「納」之一。在民眾之間，他與瑞冰兄弟（ရွှေဖျဉ်းကြီး、ရွှေဖျဉ်းငယ်）；酗酒者巴坎烏彌憍（ပခန်းဦးမင်းကျော်）、被砍下頭的母水牛南卡琳梅杜（နံ့ကရိုင်းမယ်တော်）；吃花的女鬼梅烏那（မယ်ဝဏ္ဏ）；滿口咒語的母親阿梅簡（အမေဂျမ်း）；手持豎琴且守護海洋的烏辛吉（ဦးရှင်ကြီး）等「納」齊名。

在太公王國，有一位育有三名子女的父親，名叫歐·定達，是當時最厲害的鐵匠。他有一個兒子和兩個女兒，分別叫茂恩·定得、瑪·妙華（也叫藪·梅雅）和瑪·兌華。當茂恩·定得長大後，他不僅像父親一樣成了一名鐵匠，還擁有超乎常人的力量和體格。據說在他最巔峰的時期，能夠雙手各持一把重達三十佩塔和二十五佩塔的大小鐵錘[2]，當他敲打鐵砧時，甚至連宮殿內都能聽到那轟鳴聲。此外，他還能赤手空拳擊碎象牙。

宮殿中的國王，一直對這敲打聲以及其中蘊含的力量感到十分好奇。一段時間後，他越來越想知道究竟是誰有這麼大的力量。於是他問大臣：

「你們知道每天發出這驚人敲擊聲的是誰嗎？」

大臣們回答：

「陛下，您聽到的聲音來自鐵匠茂恩·定得，他在附近村莊的打鐵鋪裡打鐵。」

國王擔憂地說：

---

2 佩塔：傳統的緬甸計量單位。原文為「ပိဿာ (peittha)」，1 佩塔約合 1.63 公斤。30 佩塔約為49 公斤，25 佩塔則約41 公斤。

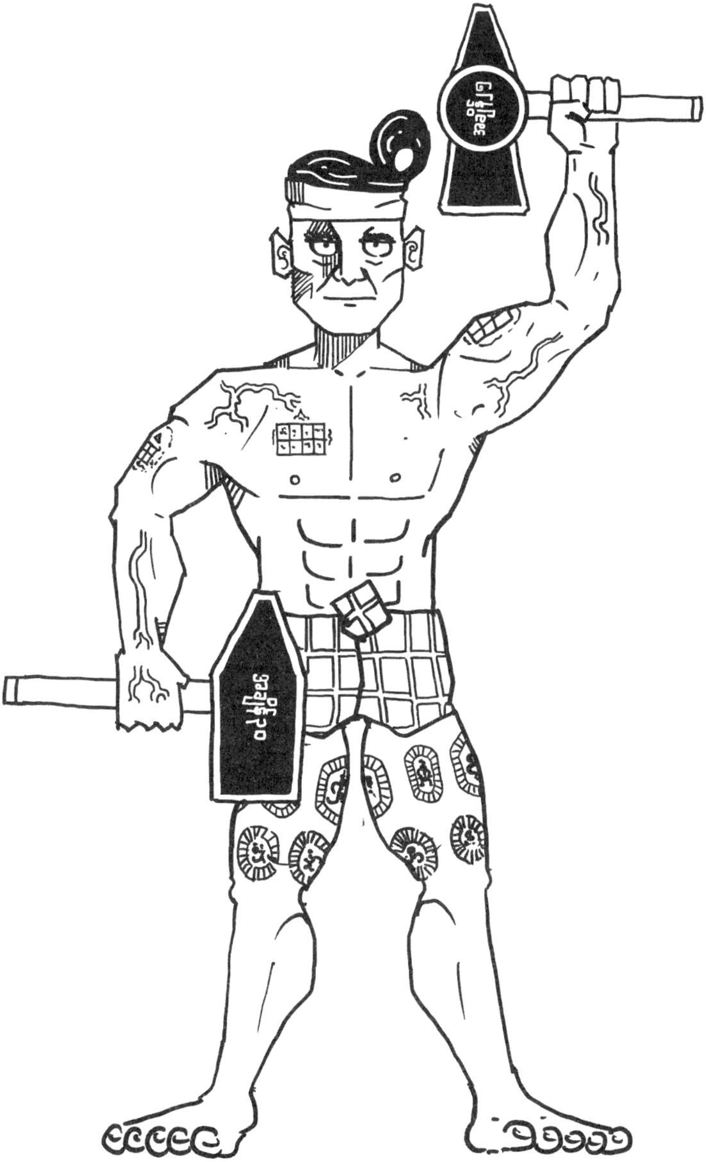

茂恩·定得

「這個叫茂恩·定得的人，竟然擁有這麼強大的力量……我擔心他有一天會建立軍隊，威脅我的王國。像他這樣擁有如此力量的人，不論是對王位，還是對我的權勢，都是一種潛在威脅。因此，我命令你們逮捕這個男人，並且允許使用任何手段將他殺死。」

茂恩·定得一得知這壞消息，便在逮捕令到來之前離開了村莊，躲到森林裡面去了。

國王派人尋找茂恩·定得好幾週，卻始終沒有進展。但他想到了一個計畫：利用他的妹妹。茂恩·定得的妹妹藪·梅雅，是一位五官端正、氣質尊貴的女子。國王先立藪·梅雅為王后，靜待幾個月過去，彷彿事件平息之後，太公國王就對王后說，請將她的大哥從森林召回，他承諾會讓她大哥成為軍隊總司令。

藪·梅雅信了國王的話，就派人給大哥捎了口信，說國王已經改變心意，不僅立自己為王后，還會讓哥哥擔任軍隊總司令。茂恩·定得相信妹妹，一個人來到宮殿，結果國王趁機命令士兵包圍他，並用多根長槍展開攻擊。茂恩·定得身體無比強壯，皮膚更是異常堅韌，任何長槍的刺擊都無效，這讓國王十分焦躁。

茂恩·定得被燒死

後來，宮殿內的謀士建議國王直接將他活活燒死。於是，國王下令召集多名鐵匠，共同製作一座巨大的的熔爐，爐膛裡的熱彷彿地獄之火的熱。然後，士兵將茂恩·定得綁在一棵碩大無匹的木蘭樹上，並且取用爐膛裡最熱的火來燒他。這次，即使這鐵匠皮膚再堅韌，也承受不了此高熱，火焰從他的四肢開始吞噬，並咬嚙他的頭顱。妹妹藪·梅雅聽到大哥在炙熱中慘叫，就不斷為他祈禱，一邊祈禱，一邊痛哭，因為她覺得哥哥的死是她造成的結果。她不斷自責，最後便縱身跳進火裡。士兵見狀想上前阻止，但為時已晚，她的整副身軀被熔爐之火燒成灰燼。不過由於士兵抓住了她的頭髮，進而保住了她的頭顱。因此，在「納」中間，藪·梅雅被賦予了一個新名字：「穗·米雅·納」，意思是「金色面容」[3]。

後來，這對兄妹變成了兩個幽靈，因為他們經歷了極為痛苦的死亡，且在生命的最後，他們激烈的情緒直衝天際。而曾被焚燒的那棵碩大的木蘭樹，也變成了他們暫時的居所。從那天起，這對幽靈兄妹益發狂暴，殺害每一個靠近這棵木蘭樹的人或動物，並活活吃掉他們。太公國王在得知這些消息之後，下令將那棵樹連根拔起，並將它丟入伊洛瓦底江。樹隨著河水向南漂流了好幾天，最終停在靠近蒲甘國的碼頭，那裡距離波巴山不遠。至此，變成幽靈的兄妹倆因樹倒塌而無家可歸。幾天後的一個夜晚，他們進入了蒲甘國丁里姜國王的夢中。

3 藪·梅雅與穗·米雅·納：藪·梅雅的原文是「စောမယ်ယာ」(Saw Mayar)，而穗·米雅·納的原文是「ရွှေမျက်နှာ (Shwe Myat Hnar)」，藉由「名」上面的聲音相近，而將新的形象引至人物的身體。

哥哥茂恩·定得與妹妹藪·梅雅

「尊貴的陛下，我們來自太公王國，那裡的國王對我們的處置失當，僅因他執意認為我對他的王國構成威脅。我們在此托夢給您，是希望能在蒲甘國找到可以安棲之處。」

「就算這只是一場夢，這樁因緣也足夠奇異了。我可以問一下你們的身分嗎？」

「我是茂恩·定得，她是我的妹妹藪·梅雅。我曾被綁在一棵木蘭樹上被活活燒死，妹妹也跳入火中喪命。由於我們抱著太多的恨，所以攻擊每個接近樹的生命。後來那棵木蘭樹被連根拔起，丟入了伊洛瓦底江，我們隨樹漂流到此。我們請求您，在波巴山上為我們造一座廟。據說波巴山是個合宜之處，因為這裡不僅有木蘭樹，還有美麗的風景。如果您滿足了我們的願望，我們就承諾守護您的國土。」

說完，兄妹倆就離開了國王的夢。夢醒後，丁里姜國王依照他們的願望，在波巴山上為兄妹倆建造了一座廟宇。從此，茂恩·定得和藪·梅雅成為了這座山以及周圍地區的守護神。茂恩·定得也因此被賦予了新的名字：摩訶衹利，意思是「雄偉之山」[4]。

波巴山

4 摩訶衹利，原文為「မဟာဂိရိ (Mahagiri)」，「မဟာ」的意思是雄偉、宏大，「ဂိရိ」的意思則是山。

頭戴竹蓆的女子

講述者、繪者：奧勘卓（အောင်ခန့်ကျော်, Aung Khant Kyaw）

翻譯：楊雨樵

當我們探討緬甸的「納」（နတ်）[1]，若為女性，則經常會展現出明確拒絕權威人物的特質。與女性「納」相關的故事，往往充滿悲劇、母愛、犧牲、兄妹爭鬥、心慟與英雄主義等元素。她們死亡的原因，在悲慘中又帶點荒誕。例如阿梅·穗·浦（အမေရွှေပု）這女子，她曾是若開王的流亡妃，有一次她旅行至敏建市（မြင်းခြံ），在回家途中，僅因回頭看望一座佛塔，便不慎從大象背上摔下，頭顱被踩碎而死，最後化為「納」。

在緬甸的命名系統中，父母通常會根據孩子出生於星期幾來命名。根據緬甸三十三個字母的系統，會將字母寫成七行，每行五個字母，第七行只有三個字母（如此排列後，每一行分別對應到星期一到星期日）。例如「အောင်」（Aung）這名字屬於最後一行，也就是星期日的組別。在古老的迷信中，常常犧牲名字以「အောင်」開頭的人，此攸關能否成功地建設橋樑、城市和佛塔，此脈絡可追溯到這名字本身的涵義：意為「成功、克服、勝利」。

本故事的主角：奧浦女士[2] 在緬甸中南部地區受到崇敬，而以鄉村尤甚。她也深受緬甸高中女孩的歡迎，她們經常會為了好玩而召喚她的靈魂，所需的道具僅是一張竹蓆。

要感應她是否在場，只要問一個是非題，並請她戳竹蓆（兩次表示是，三次表示不是）。在「納」故事群中，還有一則類似的傳說文本來自緬甸最南端的丹那沙林地區，故事中的女主角被稱為「ကျောက်တိုင်ရှင်မ（Kyauk Tine Shin Ma，字面意為石碑女士）」，此女性與奧浦女士有著相仿的命運。

從前，有一位國王統治著緬甸南部的三座城市，所以被尊稱為「三城王」[3]。在某個時期，他準備要建造一座城，名為漢達瓦底[4]。為了啟動這個計畫，他想要先在建設預定地上樹立一座石碑，作為開工的標誌，但很快就出現了問題：每當工人嘗試建造這座石碑時，總是失敗。建造的過程很單純，只要先挖一個大洞，再將石碑底座放入即可，但此事怎麼做都不順利。國王立刻在宮內召開會議，與會的成員

1 納，原文為「နတ် (Nat)」），為緬甸民間信仰中的神靈或超自然存在。關於「納」的詳細資訊，可參見本書另一篇緬甸故事〈波巴山的鐵匠傳說〉。本篇文章腳註若未特別標明，則皆為譯註。

2 奧浦女士，原文為「မအောင်ဖြူ (Ma Aung Phyu)」），其中「မ (Ma)」是對女性的敬稱，該角色的姓名開頭是「အောင် (Aung)」。

3 三城王，原文為「သုံးမြို့ရှင် (Thone Myot Shin)」，字面意思為「三座城市的統治者」。

4 漢達瓦底，原文為「ဟံသာဝတီ (Hantharwaddy)」，為今日的勃固城，位在緬甸南部。

戴竹蓆的奧浦

中有一群婆羅門[5]，不僅具印度血統還能與諸神溝通，他們在會議中商討為什麼無法成功樹立石碑。國王說：

「負責建造的工人們都放棄了。他們盡了一切努力，也沒有犯下什麼過失，偏偏這可怕的命運阻撓了他們的建設，你們覺得怎麼辦比較好？」

其中一位婆羅門站起來說：「陛下，請容我說明，有一居高位的神明，要求要用人類的靈魂來完成這項建設。神明傳達給我的訊息是：我們必須以一位在星期日出生，名字以「奧」開頭的女子為祭品，才能順利立起這座石碑。」

婆羅門繼續說道：

「陛下，當正確的時機來臨，這位在星期日出生的女子就會來到此地。神明說，該女子會在頭上戴一捆捲起的竹蓆。因此我建議陛下，現在應暫停建設，直到時機成熟。」

5　婆羅門原文為「ပုဏ္ဏား（Ponna）」，這個字來自梵文的「ब्राह्मण」，即婆羅門。

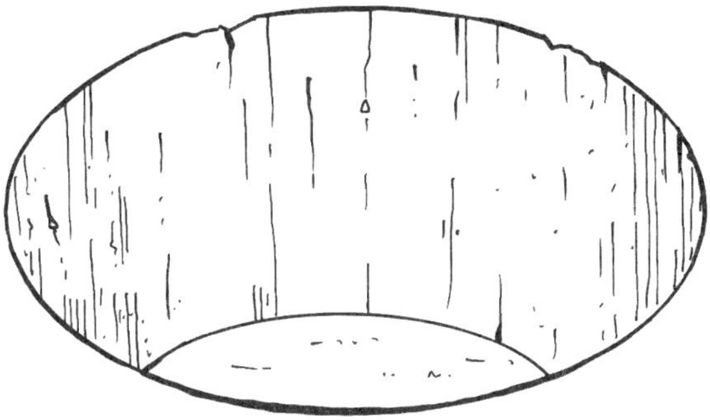

大洞

三城王說：

「好吧，既然如此，我就等吧。」

三城王有一位姪子，名叫皮納巴拉，他在朝中任職，是一位重要的人物。在他長大準備成家時，本來應該是要娶市長的女兒，偏偏他卻愛上了村長的女兒奧浦，並與她成婚。市長感到自己被羞辱，他心想：「他竟敢這樣對待我和我的家人，此事我絕不容忍。他怎能拒絕娶我的女兒？原本事情都很順利，前景一片光明，他竟敢對我如此無禮！」於是他跑去和三城王誣告，說皮納巴拉正準備阻撓國王的計畫，且意圖毀滅這個國土。國王聽信了這些說詞，並立刻逮捕了皮納巴拉，將他關了起來。

當這晴天霹靂的消息傳到奧浦耳裡，她變得相當沮喪，並且深深為此事的不公不義感到悲痛。她一知道這壞消息，就立刻動身前往王城，想好好地為此事辯解，畢竟她愛他丈夫，勝過世上的一切。徒步前往該城要花好幾天，為此，她只準備了一口鍋子，並將一張竹蓆捲起來放在頭上，這就是她所需的一切。

在前往王城的路上，必然會經過漢達瓦底。在一個夜晚，某個警衛看到有女子的身影正接近工地，就攔住了她，問她叫什麼名字，來自哪裡。當警衛發現這位女子正是他們要找的犧牲品之後，就毫不猶豫地把她抓住，押到建築石碑的工地，把她丟到洞裡，然後將石碑直接壓在她身上。奧浦在斷氣之前，詛咒這整片土地說：

「由於你們為了一座城而迫害了一位無辜的人，我將詛咒一切。所有在這土地上出生的孩子都會變成惡徒與強盜。這土地上所有的動物都會變得殘忍而嗜血，你們將永無光明！」

接著她繼續說：「我全心全意愛著我的丈夫，謹願來世能與他重逢。」

化身為食人妖的奧浦

在這次的犧牲後，奧浦女士化成了一個體能超群並充滿魔力的食人妖。她衝到獄中將丈夫皮納巴拉救出來，逃到森林深處並定居在那。幾年後，他們生了一個男孩，這男孩是人類與食人妖的混血兒，繼承了驚人的力量與敏捷。

由於他其中一隻腿腳大得異常，所以被稱為「單腳足印的茂恩·湄空」[6]。當他長大，體能到達巔峰時，甚至能徒手捏碎象牙。他們一家人在森林中，快樂地度過了很多年。有一天，茂恩·湄空的父親和他說了以前他在王城中的事情。

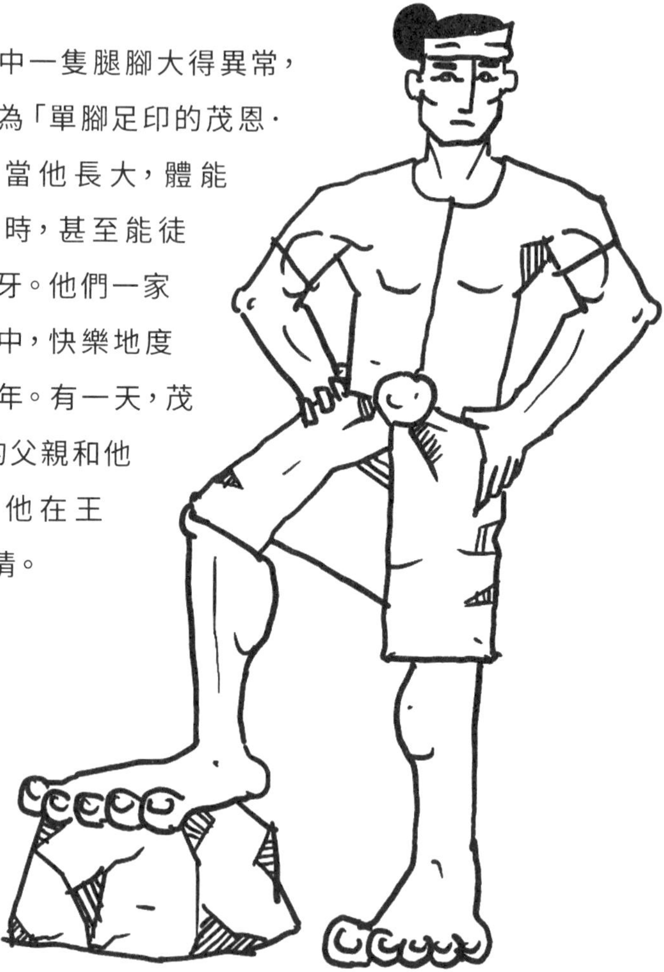

茂恩·湄空

6 單腳足印的茂恩·湄空，原文為「ခြေရာတစ်ထောင် မောင်မဲခေါင်」。「ခြေရာတစ်ထောင်」字面的意思近似於「一隻腳留下的足跡」，而「မောင်မဲခေါင် (Maung Mekong)」則是該混血兒的名字，根據講述者奧勘卓的意見，此既可音譯為「茂恩·湄空」，也可譯為「湄空先生」。此處選擇前者。

「親愛的兒子，想當年我曾住在一座離這裡很遠的城市，有很多人都認識我，因為我是三城王的侄子。」皮納巴拉以懷念的語氣說著。

茂恩·湄空好奇地問：

「真的嗎？爸爸，那是怎麼樣的地方？那裡氣氛如何？各種東西長什麼樣子？」

「那裡有賣東西的商人，你可以購買各種日用品。在那裡，你能交到各種朋友，體驗很多有趣的事，可以騎馬、學劍術，還有打造武器的打鐵鋪，以及很多美麗的女子。你活到現在，只見過你媽媽對吧？但世上還有很多人。不過……即使我在那座城市有一些快樂的時光，卻有更多傷痛的回憶，因為國王誤信了市長的誣告，說我會破壞他的計畫並摧毀國家，於是皇家的衛兵逮捕了我，把我關進了監獄。」

「爸爸，我想知道森林之外的世界。有時我瞭望遠方，便會想知道天空的盡頭是什麼。我厭倦這裡了，明明有那麼強壯的身體，困在這實在很屈辱。我想知道你知道的各種事，你可不可以帶我離開？」

茂恩·湄空精神飽滿，雙眸充滿了好奇，他巨大的手和腳隨時準備劈開森林，衝向未知。他母親要是知道他有這想法，絕對不會放過他，而他的感官也必須變得更加敏銳，以便得知母親的種種動向。於是某天黃昏，茂恩·湄空趁著母親奧浦在森林深處採集水果時，背起父親偷偷逃離。當母親聽到兒子震動大地的腳步聲時，雖然她立刻放下水果，苦苦追趕。可惜那時茂恩·湄空已經離開了森林，一切都已太遲。奧浦眼見此事已無法挽回，便心碎死去。

在此悲劇結束後，奧浦變成了「納」。她的形象，是一位女子頭上頂著一捆捲起的竹蓆。由於她在最後一刻對竹蓆的執念，因此被稱為「戴竹蓆的奧浦女士」。多年之後，她成為緬甸女性中一位受人敬畏的「納」，因為她對丈夫、兒子與其他男性，都懷著深刻的怨怒。據說，男人被禁止參與和奧浦女士相關的儀式。

奧勘卓重述影片

譯按：將活人或活體動物（包含羊、貓等）作為犧牲，置於大樓基座、橋墩或橋身、建築物的柱基內，以求取建築物的穩固，為歐亞大陸各地常見的傳說母題。其程式性情節為：某建築物的建設持續遭遇莫名的失敗（或白天建設但晚上遭惡魔／惡靈摧毀），經由占卜或神諭得知要選擇具特定特徵的人物或動物作為犧牲，在犧牲被填入建築內之後，該建築再也不倒。不僅在台灣、日本、韓國、越南、緬甸可見，在黑海周邊、地中海東岸、巴爾幹半島至東歐諸國也都可採集到此傳說。該傳說的母題也影響了後世諸多著名的文學作品，包含伊沃·安德里奇《德里納河上的橋》、伊斯梅爾·卡達萊《三孔橋》等等。

重述者
繪師
簡介

楊雨樵

喜歡散步，喜歡樹的屍骨。以民間譚（folktale）單人講述表演為核心的跨領域敘事藝術家與聲音藝術家，定期舉辦民間譚與敘事詩講座。長年受聲樂與鋼琴訓練，並融合傳統講述與擴延口頭技術（extended vocal technique）發展《聲熔質變》（為民間譚）、《音色炫晃》（為詩作）等系列實驗聲響表演，曾受邀至法國、南韓、瑞典、東京演出。現為衛武營國家藝術文化中心教學藝術家。亦從事文學與電影的敘事學研究，多次擔任各大影展的電影敘事講師。發表之各式實驗文學創作與評論，散見於紙本與線上刊物，曾出版聲成像詩集《胗饗》，音樂史書籍《音樂史暗處的金曲》（大塊文化）。積極發展AI協作創作，以作品《回·口》參與當代藝術館AI展《你好，人類！》。2024年以「狀聲詞的家屋」獲選為臺灣當代文化實驗場「CREATORS創作／研發支持」之進駐藝術家。

Yang Yu-Chiao is a multidisciplinary narrative and sound artist who focuses on solo performances of folktales. They regularly hosts lectures on folk narratives and narrative poetry. With years of vocal music and piano training, They integrates traditional storytelling with extended vocal techniques, developing experimental sound performances like "*Anamorphosis & Anatexis*" (for folktales) and "*χρῶμα μἄρμαίρω*" (Chroma Marmairo, for sound poetry). Their work has been showcased in France, South Korea, Sweden, and Japan. Now Yang is an teaching artist at the Wei-Wu-Ying National Center for the Arts.

In addition, Yang researches literary and film narratology and has served as a narrative lecturer at major film festivals. Their experimental literary works and critiques have been published in various platforms. They has released a sound-image poetry collection titled "Xi-Xiang"(肸蠁) and a music history book, "Golden pieces in the Shadows of Music History". Yang is also actively exploring AI collaborative creation, participating in the Taipei contemporary art museum's AI exhibition "Hello, Human!" with the work "στρέφειν στόμα" (strephein stoma). In 2024, Yang was selected as a resident artist for the Taiwan Contemporary Culture Lab (C-LAB) CREATORS Creation/Research Support program with the project "The House of Onomatopoeia."

群

1988 年出生並生活於台灣高雄，黑暗異色插畫師兼刺青師。於 2012 年開始長期參與同人誌獨立出版活動，目前累計已經獨立出版十五本插畫作品集。此外，亦擁有多次在日本和台灣舉辦展覽的經驗，較具代表性的展覽包括：2016 於台灣台北 Mangasick 舉辦「虛的妄宴」個展、2018 年於日本東京ヴァニラ画廊「東方戲畫」個展、以及 2022 年於日本東京 gallery hydrangea「聊齋誌異」個展。擅長變化不同的繪畫媒材和表現方式進行創作，藉此發掘新的視覺可能，並以此觀看內心的的情緒，從創作中自我療癒，也是一段探尋的旅程。

丁柏晏

1988 年生於台灣。對電玩與科幻的喜好堆積出一座如活火山般活躍的夢世界。以繪畫進入藝術領域後，舉辦多次個展。自 2014 年起，以日安焦慮之名投入漫畫與小誌創作，重心漸轉往漫畫創作。部分作品已有法文、義大利文版本。2023 年入選安古蘭國際漫畫節十位國際新秀的 Worldwide Comics Explosion，並於同年以《2073 年的電子玩具》榮獲金漫獎。同年 8 月由 Mangasick 出版第一本畫集《沿路的夢話》，出版紀念展自台北巡迴至東京、大阪、台南。

奧勘卓

အောင်ခန့်ကျော် Aung Khant Kyaw

緬甸漫畫藝術家、插畫家，並對上座部佛教世界觀中古老的緬甸精神信仰有濃厚興趣，同時還是全球民間故事和神話的愛好者。畢業於藝術學校，主修美術。近年他出版了一本漫畫書，為緬甸春季革命（2021年）進行募資。另外，他參加了在台北為期三個月的專業交流計劃，該計劃由湄公河文化中心(Mekong Cultural Hub, MCH)策劃。目前正在創作一本基於後軍事政變時代，以自身生活為題材的漫畫書。

關於重述——代跋

各位讀者可能會注意到，這本書並不是列上筆者「著」或「撰寫」，而是「重述」（英文：retell；德文：nacherzählen；日文：再話）。

當我們在人生的任何一個時刻聽到了一則故事，可能由於有趣，可能由於感動，甚至可能由於良好的入耳不忘的能力，使這則故事的一部分（可能幾乎全部，可能僅存片段）留在我們的記憶裡。等到下一次，我們想要和別人講這則故事的時候，我們的記憶與我們大腦的多個區域協同工作，透過我們的呼氣，控制講述之肌肉群，將這則故事「再度講述」了出來。劇情可能很類似，但故事世界（diégèse）的某些細節變了，建材、空間格局與建築物的風格被調整了，籠罩城鎮的天氣與風向些微地更換了。甚至，人物的姓名也變成了另一組姓名，服裝變成了另一套服裝，反派角色可能變成了別的（幻想）動物。一則故事文本，就在歷代講述者的各種重述中，化出多種異文（variant），其中沒有哪一種異文可被稱為標準或經典。

就算那麼多東西都變了、調整了、更替了，故事的文本還是能在不損及關鍵情節和敘事主軸的狀態下，從一張嘴到另一張嘴，從一種語言到另一種語言（甚至多語摻雜），從一個地域到另一個地域，從一個世代到另一個世代。這些一再被重複講述的民間譚，使人類在生活於現實世界的過程中，平行地認識另一個虛構的、幻的、似謊還真的世界（即封面中央的Yalan Dünya）。基於不同文化背景的講述之操演，該世界在講述的當下，有些是容我們觀／窺看，有些是暫時直接覆蓋在現實空間之上，有些是伏貼於事物表層之下。這些操演，促使我們重新審視自己所在之世的群像，重新度量或修正我們對於物性本質或事件運作的理解。這些魔法似的、神奇的事情，都在每一次口頭的重述中進行。

所以，本民間譚書籍的故事內文，皆以「口頭講述」為先，再基於講述稿進行諸多細節的微調，過程涉及多種翻譯工作，但此勞動並不同於書面文學的翻譯，且盡可能保留這些來自不同地域、不同語言的口頭傳統文本在讀者（或說「聽者」）的腦中再現故事世界的功能。正因如此，本書的文字保留最大程度的口頭特徵、大量的重複與堆疊、大量的節奏營造，還有不少關於講述的指示，如許多的「停頓（英文：pause；日文：間）」。停頓相當重要，它讓講述者能呼吸，讓聽者的腦中有時間將故事世界的多幅光景逐一完成，讓虛構的森羅萬象更容易具現在此世。

推薦各位讀者或聽者，以唸出聲音的方式閱讀本書，或是讀完後以自己的話語「重述」。這些故事也會在你的口中產生變異，衍生出新的面向與生機。

追日逐影 04

故事生成界

那些（不）曾被講過的民間譚

Oral Generative World: The Folktales That Have (Not) Been Told

重　　述　楊雨樵
插　　畫　群、丁柏晏、奧勘卓（အောင်ခန့်ကျော် Aung Khant Kyaw）
緒　　論　傅羅格（Frog, Editor-in-Chief of the monograph series Folklore Fellows' Communications）
視覺設計　吳國強
內文排版　紫光書屋
責任編輯　周佳薇
總 編 輯　林獻瑞
行銷企畫　呂玠忞

出 版 者　好人出版 / 遠足文化事業股份有限公司
新北市新店區民權路 108 之 2 號 9 樓
電話 02-2218-1417　傳真 02-8667-1065
發　　行　遠足文化事業股份有限公司（讀書共和國出版集團）
新北市新店區民權路 108 之 2 號 9 樓
電話 02-2218-1417　傳真 02-8667-1065
電子信箱 service@bookrep.com.tw
網址 http://www.bookrep.com.tw
郵撥帳號 19504465 遠足文化事業股份有限公司
讀書共和國客服信箱 service@bookrep.com.tw
讀書共和國網路書店 www.bookrep.com.tw
團體訂購請洽業務部 (02) 2218-1417 分機 1124
法律顧問　華洋法律事務所　蘇文生律師
印　　製　博創印藝文化事業有限公司　電話 02-8221-5966

出版日期　2025 年 3 月 25 日初版一刷
定　　價　新台幣 680 元
I S B N　9786267591192（精裝）/ 9786267591208（EPUB）/ 9786267591215（PDF）

國家圖書館出版品預行編目資料

故事生成界：那些（不）曾被講過的民間譚 / 楊雨樵作 . -- 初版 . -- 新北市：遠足文化事業股份有限公司好人出版：遠足文化事業股份有限公司發行，2025.03
面；　公分
ISBN　978-626-7591-19-2（精裝）

539.5　　　　114001587